PADRES AUSENTES, HIJOS DESCONECT@DOS Y VACÍOS

PADRES AUSENTES,
HIJOS DESCONECT@DOS Y VACÍOS

Patologías del siglo XXI

Modalidad *multitasking*, hijos impulsivos, "inflados",
adictos, deprimidos, apáticos, inútiles;
niñas precoces y niños inmaduros

JESÚS AMAYA GUERRA
EVELYN PRADO MAILLARD

EDITORIAL
TRILLAS

México, Argentina, España,
Colombia, Puerto Rico, Venezuela

Catalogación en la fuente

Amaya Guerra, Jesús
    Padres ausentes, hijos desconectados y vacíos :
patologías del siglo XXI : modalidad multitasking, hijos
impulsivos, "inflados", adictos, deprimidos, apáticos, inútiles;
niñas precoces y niños inmaduros. -- México : Trillas, 2012.
    141 p. ; 23 cm.
    Incluye índices
    ISBN 978-607-17-1401-5

    1. Padres e hijos - Aspectos psicológicos. 2. Niño,
Estudio del. I. Prado Maillard, Evelyn. II. t.

D- 306.87019'A553p   LC- PF723.P25'A5.6

División Administrativa,
Av. Río Churubusco 385,
Col. Gral. Pedro María Anaya,
C. P. 03340, México, D. F.
Tel. 56884233, FAX 56041364
churubusco@trillas.mx

División Logística,
Calzada de la Viga 1132,
C. P. 09439, México, D. F.
Tel. 56330995, FAX 56330870
laviga@trillas.mx

Tienda en línea
www.trillas.mx
www.etrillas.mx

Miembro de la Cámara Nacional de
la Industria Editorial Reg. núm. 158

Primera edición, noviembre 2012
ISBN 978-607-17-1401-5

Impreso en México
Printed in Mexico

Índice de contenido

Introducción

"Afrontan problemas más avanzados para su edad, se involucran con otros muchachitos que ingieren alcohol y la rebelión viene desde edades más tempranas."

MADRE DE CUATRO HIJOS,
de 17, 14, 9 y 3 años de edad.

"Viví con mis padres hasta los 28 años. Hacía lo que quería y me mantenían en todo. Mis hijos quieren tener lo mismo que los demás, piden la última novedad y, si no, son excluidos. Son chiflados, egocéntricos y no comen lo que se les da."

MADRE DE DOS HIJOS,
de 5 y 7 años de edad.

Diez años después de *Padres obedientes, hijos tiranos*[1] nos enfrentamos a una generación nueva de familia: *padres ausentes, hijos desconect@dos y vacíos.*

En 2003 (año en que se publicó por primera vez dicho libro) describimos una generación de padres permisivos y sobreprotectores, con hijos desafiantes, poco tolerantes a la frustración, incapaces de vivir carencias y que creen ser merecedores de todo.

Hoy nos enfrentamos a una nueva generación de padres e hijos: los padres obedientes se convierten en abuelos (pero en

[1] Jesús Amaya y Evelyn Prado, *Padres obedientes, hijos tiranos. Una generación preocupada por ser amigos y que olvidan ser padres*, Trillas, México, 2003.

7

abuelos obedientes). Nunca han podido librarse de su rol de esclavos: primero de sus padres, luego de sus hijos… y ahora de sus yernos, nueras y –en especial– de sus nietos. Son abuelos sumisos, sobreprotectores y no permiten que sus hijos (que ya son adultos) y sus nietos vivan alguna carencia o frustración. A su vez, la mayoría de los hijos tiranos están estudiando la preparatoria o la universidad. Algunos están incursionando en el campo laboral e incluso se han casado y tienen hijos. Cuando el hijo tirano sea papá, no será un padre obediente, sino un **padre ausente**. Y sus hijos (nietos de los padres obedientes) no serán hijos tiranos, como fueron sus padres, sino **hijos vacíos**, frágiles y con el riesgo de que la soledad, la impulsividad, las adicciones, la depresión, la apatía, el estrés y la incompetencia definan su vida.

La mayoría de los problemas que enfrentan hoy los niños y jóvenes se relacionan con un ambiente tóxico y con la ausencia de supervisión parental, así como de disciplina y cariño. Muchos de los que pertenecen a las nuevas generaciones carecen de autodisciplina y autocontrol: gastan en forma compulsiva, actúan de manera impulsiva y violenta, tienen bajo rendimiento en la escuela; quienes tienen un empleo son irresponsables y muchos abusan del alcohol y otras drogas. Su dieta suele ser poco saludable, no realizan ejercicio alguno y padecen de ansiedad crónica, enojo explosivo y depresión. Los "hijos vacíos" pertenecen a una generación de mayor riesgo, pues las características de personalidad que los definen los predisponen a la pérdida de amigos, al fracaso escolar, al divorcio, a ser despedidos de sus trabajos, a buscar medicarse (por no poseer habilidades de autodominio) para controlar sus niveles de estrés e incluso a caer en prisión.

En su libro *The Millionaire Next Door* (El millonario de la siguiente puerta), Stanley y Danko afirman que la causa del poco éxito financiero de las nuevas generaciones tiene su raíz no en las dificultades económicas para salir adelante, sino en la carencia de

La juventud de hoy se enfrenta a más tentaciones de las que había antes

autodisciplina y en la dificultad que tienen para retrasar alguna gratificación.[2]

De acuerdo con nuestras observaciones, las personas pasan varias horas al día tratando de resistirse a las diversas tentaciones y la mayoría reconoce que carece de autodisciplina y que las tentaciones de la vida moderna las hacen sentir muy presionadas. Por ello, podemos afirmar que la carencia de autorregulación es la mayor patología de nuestro tiempo y que la autodisciplina es la clave del éxito. Los grandes males de nuestro tiempo, como la obesidad, el embarazo adolescente, la depresión y las adicciones podrían prevenirse mediante la práctica de la autodisciplina. A su vez, una persona autodisciplinada posee mejor salud y es más feliz en su matrimonio, familia y trabajo.

El primer paso para lograr que los niños sean autodisciplinados es que sus padres sean un buen modelo de disciplina.

La generación que creció a principios del siglo pasado se caracterizó por ser gente emprendedora. Muchos incluso crearon su propia empresa. Sus hijos fueron personas trabajadoras que hicieron prosperar dicha empresa. Pero sus nietos se convirtieron en entes de consumo dedicados a vivir y ser mantenidos por ellas hasta su desaparición. Así, los abuelos compraron casas y terrenos, los padres los administraron y ellos los vendieron para vivir con lujo y sin carencias. Esa es la generación a la que llamamos "hijos tiranos", pero que ahora han creado y se han convertido en padres ausentes: personas estancadas en la adolescencia, que viven en un mundo virtual (videojuegos, textean, Facebook y Second Life), no pagan recibos ni mantienen a alguien y no necesitan crecer ya que sus padres los sobreprotegen y les ofrecen todo su apoyo económico en forma incondicional.

¿QUIÉNES SON LOS HIJOS TIRANOS?

En nuestro libro *Padres obedientes, hijos tiranos* exponemos que esta generación de niños y adolescentes creció en un ambiente más democrático y fue "inflada" por sus padres: le llamamos la "generación trofeo".

[2] Thomas J. Stanley y William D. Danko, *The Millonaire Next Door*, Pocket Books, Nueva York, 1998.

Son una generación mimada, sobreprotegida y que vive en el exceso. Creció escuchando: "Tú eres único y lo máximo." Ante un regaño renuncian. Debido a que frente al mínimo error eran justificados por sus padres, no viven las consecuencias de sus actos. Ellos quieren trofeos por el hecho de estar presentes en donde es su obligación asistir. Se ausentan del trabajo con cualquier excusa (con o sin autorización), tan sólo para ir a una despedida de soltero de un amigo, a la playa. Su esfuerzo debe ser reconocido y recompensado, aun si el resultado fue malo. Esperan gastarse su herencia, aunque sus padres estén vivos.

En su libro *Managing the Millennials: Discover the Core Competencies for Managing Today's Workforce* (Gestión de la generación del milenio: descubrir las competencias básicas necesarias para la gestión de la fuerza laboral actual), Chip Espinoza (jefe ejecutivo del grupo Consulting GeNext) describe a la "generación del milenio" (hijos tiranos) con nueve características:

1. *Son soberanos.* Expresan su deseo de hacer lo que quieran cuando quieran, en su propio horario. No necesitan seguir procedimientos para cumplir su trabajo.
2. *Necesitan ser reconocidos.* Desean ser admirados y premiados por las acciones más simples. Constantemente deben ser incentivados.
3. *Se aburren con facilidad.* Su imaginación puede ser limitada ante órdenes o procesos de trabajo rutinarios. No soportan el aburrimiento y las rutinas. Quieren novedades constantes y estímulos diversos. Les gusta lo divertido y ameno y odian lo monótono.
4. *Son egocéntricos y narcisistas.* Se preocupan primero por cómo son tratados y no por cómo deben tratar a los demás. Ven sus propios intereses sin importar lo demás. Crecieron con unos padres que los hicieron el centro de su vida. Toda la atención se centró en ellos y cada uno de sus caprichos fueron satisfechos.
5. *Son vulnerables.* Responden enojados y con resentimiento a las críticas y la evaluación. Esperan que los feliciten, aun cuando su desempeño es pobre. Son muy frágiles ante las frustraciones. Deben ser los primeros en los deportes, en la música o en la escuela. Y sus padres los sobreprotegían para que siempre obtuvieran éxito.

6. *Son rudos y descorteses.* Presentan conductas vulgares comunes y dicen malas palabras. No dicen "por favor" o "gracias". Es una generación informal y de "tuteo". Son descuidados en su hablar, vestir y negociar.

7. *Son miopes.* Su visión es sólo del presente y no ven el futuro como área de desarrollo. No soportan el retraso en la gratificación. Sólo desean satisfacer sus necesidades inmediatamente, sin ver las consecuencias a futuro.

8. *Son distraídos.* No se concentran ni ponen atención a los detalles. No tienen memoria de trabajo. No son persistentes en tareas que consideran aburridas o no les interesan. La ambigüedad es su "kriptonita", ya que les produce ansiedad, indecisión e inseguridad.

9. *Son apáticos.* Son difíciles de motivar ya que sus pasiones están en la satisfacción de lo inmediato. Son indiferentes, irresponsables y con poco compromiso a una vida real y con un sentido significativo.

¿QUIÉNES SON ESTOS PADRES AUSENTES, HIJOS DESCONECT@DOS Y VACÍOS?

A quienes nacieron antes de 1950 se les nombra la *generación silenciosa* debido a que los caracteriza el sacrificio, la obediencia, la lealtad, la disciplina, el respeto a la autoridad y, además, fueron creadores de nuevos empleos y empresas. Los que nacimos entre 1951 y 1970 nos llaman *Baby Boomers* (explosión de bebés) o padres obedientes; crecimos con la TV, con disciplina, carencias e independencia temprana y fuimos administradores de las empresas. Los nacidos entre 1971 y 1985 son la llamada *generación X* y se puede decir que constituyen una etapa de transición, en la que se da la introducción a la era digital y al teléfono móvil. La generación del milenio o hijos tiranos (o padres ausentes), nacidos entre 1985 y 2005, llamados también *generación Y* (Net, Google, Internet o trofeo), aman la inmediatez, la satisfacción de sus deseos; tienen poca tolerancia a la frustración, viven con excesos y siempre fueron sobreprotegidos. Sus hijos están "desconectados y vacíos", y en este libro les llamaremos también la *iGeneración*: son los nacidos a partir de 2006, niños hiperconectados virtualmente y cuya vida transcurre alrededor de la tecnología: *multitask*, celulares, Internet, videojuegos, *iPad*, redes sociales, Youtube, Skype, mensajes de texto y Wikipedia.

Se trata de una generación que se enfrentará a una realidad muy compleja si no posee las herramientas adecuadas, ya que la presencia y acompañamiento de sus padres es mínima. Los padres de esta generación de niños recurrirán a profesionales para su educación y cuidado: escuelas, nanas, estancias infantiles, niñeras, terapeutas y maestros de apoyo. Esta generación carecerá de supervisión paterna, de modelos y de figuras de autoridad, lo que originará niños y adolescentes frágiles y llenos de complejos. Serán comunes la depresión, la ansiedad, las adicciones, la distracción, la apatía, la hiperactividad, la incompetencia, así como ver niñas con problemas emocionales y niños con problemas escolares y de conducta.

A este grupo de edad de niños y adolescentes se le conoce como la iGeneración. La **i** es por la extensa red de tecnología a que son expuestos muy tempranamente: internet, iPod, iPad, ichats, iBooks, iPhones, iTunes… Pero también porque están incomunicados, son impacientes, impulsivos, idos, incapaces, infelices, inapetentes, indiferentes, insensibles e inactivos.

Es común escucharlos decir: "Estoy cansado", "Estoy aburrido", "Estoy distraído", "No sé", "Estoy obeso"…

Y en el futuro podremos escuchar de ellos frases como éstas:

- ○ "Bebo alcohol."
- ○ "Es mi quinto cambio de carrera en tres años."
- ○ "Es mi séptimo trabajo en cinco años."
- ○ "Estoy estresado, pero es OK."
- ○ "Necesito el Facebook para tener identidad y amigos."
- ○ "Me divorcié a los 15 meses."
- ○ "Veo pornografía."
- ○ "Estoy en psicoterapia."
- ○ "Amo (pero odio) a mis padres."
- ○ "No puedo ahorrar."
- ○ "Mi vida es la Internet y la tecnología."
- ○ "Estoy deprimido."
- ○ "Paso la mayoría del tiempo en mi casa en el Facebook."

La iGeneración o hijos vacíos es una generación más inteligente, educada, creativa, globalizada, conectada… pero también más frágil que cualquier otra. Sus padres (profesionistas que crecieron sin carencias porque sus padres obedientes les dieron todo) fueron "hijos tiranos" que tuvieron pocas responsabilidades, fueron sobreprotegidos, gobernados por sus impulsos y llenos de privilegios; cuando eran pequeños ganaron trofeos y premios por el simple hecho de participar o de asistir a los eventos. Ahora que son padres, muchos de ellos tienen todavía un comportamiento adolescente. Lo primero para ellos es satisfacer sus necesidades (como ir a las fiestas, tener vacaciones y divertirse) y postergan aquellas conductas que reflejan que ya son adultos (como la responsabilidad, el trabajo duro y el sacrificio).

Nos enfrentamos a la generación de niños y adolescentes más frágil y malcriada de toda la historia no sólo por la cantidad enorme de juguetes, ropa o aparatos electrónicos con los que crecen, sino además por el estilo de autoridad sin precedentes que estamos ejerciendo sobre ellos: sus padres desean obtener su amor y aprobación a toda costa y les evitan cualquier tipo de frustración o carencia. Según un estudio realizado por la revista *Time* y por la estación de televisión CNN, dos terceras partes de los padres estadounidenses piensan que sus hijos son groseros y mimados.

Las nuevas generaciones deben enfrentarse a un mundo más complicado, pero no poseen las herramientas para sobrevivir. Además de la gran cantidad de distracciones, tentaciones y peligros a los que deberán hacer frente, contarán con un guía, filtro o modelo. En otras palabras, crecerán con poca presencia de sus padres y sin autoridad. Esta generación enfrentará una realidad más compleja y estresante: un mundo más competitivo, con poca convivencia familiar, mayor número de madres solteras y de rompimientos matrimoniales, poca calidad en el sistema educativo, mayor violencia escolar y *bully*, así como consumismo excesivo y mayor presión social. Como resultado, cada año tendremos niños más distraídos, impulsivos y menos capaces para aprender, disfrutar la vida y tener buenas relaciones sociales.

En esta época es esencial tener habilidades parentales, pues en una sociedad compleja los niños necesitan de padres más sabios, fuertes y comprometidos en su rol parental.

Esta obra pretende ayudar a los padres a identificar estos nuevos peligros y patologías del siglo XXI a los que nuestros hijos se en-

¿Quiénes son la iGeneración?

- Se sienten víctimas y creen a los demás culpables de sus fracasos.
- No encuentran su identidad y un sentido de vida significativo.
- No saben cuándo es suficiente.
- No trabajan ni realizan sacrificios cuando deberían.
- No terminan lo que empiezan.
- Confunden entre un capricho y una necesidad real.
- No tienen metas establecidas.
- Viven en el aquí y ahora.
- Tienen poca iniciativa y esperan que sus padres les resuelvan todo.
- Su prioridad es divertirse y gastarse todo el dinero rápidamente.

frentarán. Expone ideas y estrategias parentales para poner en práctica reglas y rutinas familiares con el fin de crear conductas saludables, seguras y éticas en los hijos.

Por último, cabe aclarar que estamos conscientes de la gran diversidad socioeconómica y cultural que existe en nuestro país. En este sentido, sabemos que muchos de nuestros ejemplos no corresponden a la realidad de quienes pertenecen a los grupos menos favorecidos, pues los hijos de las clases socioeconómicas bajas muchas veces tienen que trabajar y ganarse el sustento a edades muy tempranas. Sin embargo, también entre los grupos socioeconómicos bajos existen o pueden existir problemáticas similares, porque los padres desean dar a sus hijos aun lo que no tienen. Pese a ello, reconocemos que la problemática tratada en esta obra ocurre mayoritariamente (y aun así con excepciones) entre la clase media y con mayores ingresos.

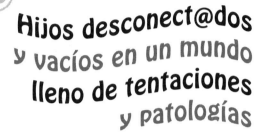

Hijos desconect@dos y vacíos en un mundo lleno de tentaciones y patologías

El pequeño dictador.
Cuando los padres son las víctimas

En muchos hogares el niño se ha convertido en el dominador de la casa: en la TV se ve lo que él quiere, se entra y se sale a la calle si así le interesa a él, se come a gusto de sus apetencias...

Cualquier cambio que implique su pérdida de poder, su dominio, conlleva tensiones en la vida familiar, pues el niño se vive como difícil, se deprime o se vuelve agresivo. Sabe que las pataletas, los llantos, le sirven para conseguir su objetivo.

Son niños caprichosos, consentidos, sin normas, sin límites, que imponen sus deseos ante unos padres que no saben decir *no*.

Hacen rabiar a sus padres, molestan a quienes tienen a su alrededor, quieren ser siempre el centro de atención, que se les oiga sólo a ellos. Son niños desobedientes y desafiantes. No toleran los fracasos, ni aceptan la frustración. Culpan a los demás de las consecuencias de sus actos.

La dureza emocional crece, la tiranía se aprende, si no se le pone límites. Hay niños de 7 años de edad y menos que dan puntapiés a las madres y éstas dicen "no se hace" mientras sonríen, o que estrellan en el suelo el bocadillo que le han preparado y después le compran un bollo.

Recordemos a esos niños que todos hemos padecido y que se nos hacen insufribles por culpa de unos padres que no ponen coto a sus desmanes.

La tiranía se expone en las denuncias de los padres contra algún hijo, por estimar que el estado de agresividad y violencia ejercido por éste o ésta afectaba ostensiblemente el entorno familiar. Otro hecho reiterado es el de las fugas del domicilio y el consecuente ausentismo escolar con conductas cercanas al conflicto social. En otros casos, el hijo o hija entra en contacto con la droga y es a partir de ahí que se muestra agresivo(a), a veces con los hermanos. Otro ejemplo en cuando los hijos utilizan a sus padres como "cajeros automáticos", o los manipulan con chantajes, o manifiestan un gran desapego hacia ellos, trasmitiendo profundamente que no los quieren.

Tomado de: Javier Urra (adaptación). En <http://altea-europa.org/documentos/el-pequeno-dictador-Javier-Urra.pdf>.

La Organización Mundial de la Salud (2003) afirma que nos enfrentamos a una generación más patológica: 46 % de los adultos sufren algún tipo de desorden psicológico y 30 % de los niños presentarán alguna experiencia de ansiedad, depresión, déficit de atención, hiperactividad, impulsividad, autismo, trastorno de Asperger o algún otro trastorno psicológico. Los chicos que se la pasan constantemente enviando mensajes por medios electrónicos presentan síntomas de una personalidad narcisista. Pasan la mayoría del tiempo subiendo fotografías y actualizando sus perfiles y les produce ansiedad no poder revisar de inmediato sus mensajes de texto, telefónicos o comentarios en su Facebook. Al entrevistar a 150 adolescentes encontramos la siguiente información: más de 90 % de los adolescentes duermen con el celular encendido y a un lado de la almohada para ver quién envía el mensaje o contestarlo. Más de 80 % revisa quién envió el mensaje y realizó la llamada y más de 75 % lo contesta sin importar la hora de la madrugada y si ya se durmieron.[1]

---

[1] World Health Organization, *Investing Mental Health* (2003).

En los últimos 25 años, la salud mental de los adolescentes ha decaído en forma acelerada y en cambio han aumentado las posibilidades de que los muchachos de 15 años de edad tengan problemas emocionales, de conducta y escolares. La mentira, la depresión, la ansiedad, el robo y la desobediencia han crecido a más del doble, según el artículo "Time Trends in Adolescent Mental Health" (Tendencias en la salud mental del adolescente a través del tiempo), publicado en el *Journal of Child Psychology and Psychiatry* en noviembre de 2004.

Los niños desarrollan más problemas de conducta y escolares, mientras que las niñas presentan más problemas emocionales. En dicho artículo se afirma que uno de cada cinco adolescentes tiene problemas emocionales. El rango de problemas emocionales como la ansiedad y la depresión ha aumentado 70 % entre los adolescentes, de acuerdo con el estudio realizado en Inglaterra. La Organización Mundial de la Salud (OMS) espera que, para el año 2020, 50 % de niños y adolescentes presenten al menos un trastorno relacionado con la conducta, la escuela o de tipo emocional.

Tal incremento de patologías en los últimos años se explica por un aumento en el índice de divorcios, familias uniparentales y, en especial, por la diversidad de tipos de familia, la escasa autoridad y el bajo nivel de compromiso de los padres en la educación integral de sus hijos.

El deterioro de la salud mental de los adolescentes ingleses es muy parecido a lo hallado en Estados Unidos y en nuestro país. Al entrevistar a más de 100 terapeutas de adolescentes, encontramos que coinciden en que los problemas más comunes que enfrentan los jóvenes mexicanos en la actualidad son:

○ Abuso en el consumo de tabaco, alcohol y otras drogas.
○ Sexualización temprana de las niñas y exposición temprana de pornografía en niños y niñas.
○ *Bullying.*
○ Depresión y ansiedad.
○ Violencia y pandillerismo.
○ Fracaso escolar (varones).
○ Padres ocupados y solteros.

○ Aislamiento cibernético.
○ Trastornos alimenticios.

En otro estudio que concluimos en febrero de 2012 aplicamos un cuestionario a más de 500 maestros de diversos niveles, desde preescolar hasta universidad, para determinar los problemas más comunes (académicos y de disciplina) a los que se enfrentan en su salón de clase todos los días. El hallazgo más importante y preocupante de nuestro estudio fue que no hubo una diferencia significativa de los problemas en todos los niveles, desde preescolar hasta universidad. Descubrimos que los niños y jóvenes se enfrentan prácticamente a los mismos problemas sociales, académicos, cognitivos y emocionales, a saber:

○ Tienen poca motivación e interés en el trabajo académico.
○ Presentan en forma constante problemas de atención y distracción con la tecnología.
○ Muestran poco respeto a los demás y tienen problemas de disciplina y autocontrol.
○ Se esfuerzan poco, no tienen persistencia, ni se preocupan por realizar un trabajo de calidad.
○ Son frágiles emocionalmente, tienen poca tolerancia a la frustración, no se observa en ellos resiliencia y padecen de mucho estrés.
○ Carecen de habilidades lectoras, de comprensión y de hábitos de estudio.

Acelerados, pero inmaduros.

¿MADUROS O INMADUROS?

En su libro *Generation iY* (Generación iY),[2] Tim Elmore afirma que hoy día niños crecen muy rápidamente. Pero, en nuestra opinión, más que ayudarlos a madurar, los adultos los "aceleramos" en algunos aspectos; la falta de una adecuada madurez trae resultados catastróficos en los aspectos biológico, cognitivo, social y emocional.

Aspecto biológico

En la actualidad, tanto niños como niñas llegan a la pubertad dos años antes que los niños de hace 30 años. Para empezar, la mayoría de niños y niñas se desarrollan más rápidamente que nunca en el aspecto físico. Según el estudio realizado por el Departamento de Nutrición y Salud de Estados Unidos, de 1999 a 2004[3] el promedio de edad en que inicia la menstruación disminuyó en el último siglo de 13.3 a 12.4 años de edad. Ahora los maestros de los últimos grados de primaria afirman que las niñas empiezan su pubertad en estos años, cuando antes ocurría en primero de secundaria.

Aspecto cognitivo

Hoy los niños van a la escuela en una etapa más temprana de su vida y son expuestos a una gran cantidad de información. Desde el nivel prescolar, enfrentan mayores exigencias académicas, como el inicio del aprendizaje de la lectura y escritura y de las matemáticas.

Aspecto social

Hoy los niños empiezan a una edad muy temprana a experimentar interacciones sociales (virtualmente Facebook), pero no se permite abrir una cuenta a menores de 13 años.

[2] Tim Elmore, *Generation iY: Our Last Chance to Save Their Future*, Poet Gardener Publishing, Atlanta, Georgia, 2010.
[3] http://www.cdc.gov/nchs/nhanes.htm/

Aspecto emocional

Esta generación muestra poca madurez en el campo emocional y en la autodisciplina: control de impulsos, tolerancia a la frustración o retraso en la gratificación.

Ellos tienen acceso a todo tipo de información, muy explícita para su edad y con pocos filtros:[4]

- ○ Usan Internet sin contar con supervisión adulta (60 % de los niños de primaria).
- ○ Visten de manera no apropiada para su edad (70 % de los adolescentes de secundaria y preparatoria).
- ○ Tienen una cuenta en Facebook (85 % de niños de cuarto, quinto y sexto año de primaria y 45 % de alumnos de primero, segundo y tercero de primaria).
- ○ Tienen en su dormitorio televisión, teléfono celular, computadora y acceso a juegos de video (75 % de los niños de primaria y 95 % de los chicos de secundaria).
- ○ Viven saturados de actividades (65 % de niños de prescolar y primaria).
- ○ Tienen teléfono celular (70 % en los niveles prescolar y primaria).

No es una "mala" generación: sólo que les damos demasiado, muy pronto y sin supervisión.

---

[4] Nota de los autores: es de nuestros estudios realizados durante 2011 y 2012.

Estos factores favorecen que nuestros hijos crezcan en los campos intelectual y social rápidamente, pero no en sus habilidades sociales y afectivas. En los restaurantes y lugares públicos nos ha tocado observar cómo los padres exponen a sus pequeños hijos de dos o tres años de edad a la tecnología (DVD, iPad, celular o laptop). Para no ser molestados, los padres les ponen a sus niños alguna película o juego electrónico desde el momento en que se sientan a la mesa.

Así, los niños de hoy crecen en un ambiente duro y desequilibrado: por un lado, lleno de peligros; y, por el otro, *light*. Están muy bien dotados en las áreas cognitiva e intelectual, pero tienen una pobre madurez emocional y volitiva. Ejercitan poco los "músculos" de la paciencia, no saben esperar la recompensa que tarda, tienen problemas en habilidades de conexión con la gente o empatía y no son tenaces en terminar la tarea.

Atrofiados en sus "músculos" del carácter y emocionales.

A pesar de ser una generación más inteligente, educada, creativa, conectada, etc., en la actualidad las personas:

○ Están más aisladas, solas e incomunicadas. Las parejas no son capaces de mantenerse unidas en matrimonio y en familia.
○ Tienen menos habilidades de inteligencia emocional y frontal, gracias a que los medios de comunicación distorsionan la realidad y producen televidentes acríticos.
○ Tienen más problemas de sobrepeso, están estresadas y no tienen disciplina para comer en forma correcta.

○ No tienen un sentido de vida y están amargadas.

○ Tienen mucho miedo y viven inmersas en la violencia, no sólo en las calles, sino también en los hogares y escuelas.

En junio de 2012 me invitaron a dar una conferencia a la ciudad de Parral, Chihuahua. En el camino tuve la oportunidad de charlar con el psicólogo Saúl Fernández Castillo, miembro del CAPPSIFAM (Centro de Atención y Prevención Psicológica para las Familias). Me llamaron la atención los problemas familiares que aquejan a la gente de esa ciudad, según afirma Saúl:

○ Los niños tienen poca tolerancia a la frustración y toman malas decisiones.

○ Los adolescentes tienen una vida sexual activa.

○ Los padres no saben qué hacen sus hijos.

○ Las personas sufren de crisis existencial y ven afectada su autoestima si no tienen un teléfono celular o una computadora.

○ Entre los jóvenes existe un alto índice de suicidios y depresión.

○ Los muchachos amenazan a sus padres con suicidarse si no les dan lo que quieren.

○ Los padres tienen que recurrir a los medicamentos para controlar a sus hijos.

○ La única exigencia de los padres hacia sus hijos es que tengan un buen desempeño en la escuela.

○ Las familias se comparan entre sí todo el tiempo.

○ Los abuelos son quienes están a cargo de la educación de sus nietos y no los padres.

○ Los niños son muy hábiles para manipular a los adultos.

○ La pornografía ha proliferado.
○ Existe mayor confusión acerca de la propia identidad sexual.
○ El número de divorcios ha aumentado.

Resulta increíble que en una ciudad tan pequeña como Parral (con una población de 115 mil habitantes) existan los mismos problemas que en las ciudades que tienen más de cinco millones de habitantes.

LOS PROBLEMAS DE HOY NO SON LOS MISMOS QUE EN EL PASADO

Hace algunos meses nos invitaron a participar en una conferencia sobre el problema de las adicciones en adolescentes. El expositor anterior a nosotros hizo alusión a las siguientes frases:

1. "Nuestra juventud gusta del lujo y es mal educada, no hace caso a las autoridades y no tiene el menor respeto por los de mayor edad. Nuestros hijos hoy son unos verdaderos tiranos. Responden a sus padres y son simplemente malos."
2. "Si la juventud de hoy toma el poder mañana, ya no tengo ninguna esperanza en el futuro de nuestro país, porque esa juventud es insoportable, desenfrenada, simplemente horrible."
3. "Esta juventud está malograda hasta el fondo del corazón. Los jóvenes son malhechores y ociosos. Ellos jamás serán como la juventud de antes. La juventud de hoy no será capaz de mantener nuestra cultura."

Durante algunos segundos, la concurrencia observó al expositor e iba aprobando cada una de las oraciones. Después, él dijo acerca de dichas frases: "La primera frase es de Sócrates (quien vivió del año 470 al 399 a.C.); la segunda es de Hesíodo (alrededor del siglo VIII a.C.); la tercera oración estaba escrita en un vaso de arcilla que fue descubierto en las ruinas de Babilonia (actual Bagdad) y el cual tiene más de 4000 años de existencia."

Ante el asombro de los participantes, el expositor concluyó: "Padres de familia: tranquilos, las cosas siempre han sido así…"

Pero las cosas no siempre han sido así.

Las quejas de Sócrates y de Hesíodo se referían a los jóvenes y adolescentes, pero ahora estas quejas se refieren a niños desde los tres y cuatro años de edad. Los padres expresan consternados que ya no pueden con sus hijos pequeños y hasta confiesan que les producen miedo.

Los padres de hoy parecen sorprendidos por el cambio de actitud de los niños: pasaron de ser cálidos, obedientes y dóciles a convertirse en amargados, rebeldes, agresivos y vulnerables.

Los estudios de Lambie sugieren que los niños y adolescentes se envuelven en conductas antisociales si viven en familias en las que hay ausencia de amor y cariño, no existen reglas y límites claros y en las que la comunicación entre padres e hijos no es clara.[5]

Nuestros hijos necesitan padres y adultos que posean al menos las siguientes características esenciales:

○ Son capaces de apoyar, están presentes, dialogan y aman.
○ Establecen estándares y límites, supervisan y guían a sus hijos.

Desafortunadamente, los padres que satisfacen cada uno de los caprichos de sus hijos impiden el desarrollo del autocontrol y carecen de una base sólida para desarrollar sus propios valores y principios éticos de la vida.

SOLUCIÓN: ¿REGRESO A LA DISCIPLINA DURA?

La profesora de la Facultad de Derecho de la Universidad de Yale, en Estados Unidos, Amy Chua, escribió un libro titulado *Battle Hymn of the Tiger Mother*[6] (Himno de Guerra de la Mamá Tigre). En esta obra relata cómo ha educado a sus dos talentosas hijas. Afirma que jamás dejaría a sus hijas, Sofía y Luisa, dormir en casa de una amiga, ver televisión, jugar videojuegos u obtener una calificación menor de 9; tampoco les permitiría tocar algún instrumento musical que no fuera el piano o el violín.

---

[5] Lan Lambie y Les Simmonds, *Raising Teens Today: Dealing With Sex, Drugs and Homework*, Random House, Nueva Zelanda, 2010.

[6] Amy Chua, *Battle Hymn of the Tiger Mother*, Penguin Group, Nueva York, 2011.

Según Chua, los padres chinos piensan que las actividades académicas son primero que cualquier otra actividad; una calificación inferior a 9 es una mala calificación. Ella afirma que sus hijas deben estar adelantadas en matemáticas al menos dos años por arriba de sus compañeros. Dice que nunca reconoce o premia en público a sus hijas a pesar de un logro significativo, que siempre está a favor del maestro o entrenador y que sus hijas solamente participan en actividades en las cuales tengan una alta probabilidad de ganar un primer lugar o una medalla de oro. Para ella, los hijos no solamente deben hacer su mejor esfuerzo, sino también ser los mejores.

Los padres chinos invierten 10 veces más en actividades académicas con sus hijos que los estadounidenses. En cambio, éstos lo invierten en actividades deportivas.

"Uno de mis mayores miedos es la decadencia de la familia."

AMY CHUA

Los principios más importantes que los chinos enseñan a sus hijos son: "Sé sencillo y modesto en tus logros y victorias. Jamás te quejes o tengas excusas por las injusticias, solamente redobla el trabajo duro y sé mejor."

Para ellos, nada será divertido hasta que sean buenos en ello. Y para ser buenos necesitan trabajar duro a pesar de lo aburrido o tedioso de la tarea.

En nuestra cultura, en cambio, lo más común es que los niños abandonen la tarea que realizan porque al principio es difícil, y los padres por lo general no les insisten para que perseveren. Olvidan que, trabajando con persistencia, podemos lograr desarrollar el hábito y la virtud. La tenacidad y la práctica son cruciales; sin embargo, parece que hoy día la repetición es obsoleta e incluso ha desaparecido de nuestro vocabulario. Empero, si insistimos a los niños para que realicen las cosas, aunque sean difíciles, cuando logren la excelencia y reciban reconocimiento y admiración, esto les ayudará a construir confianza y autoestima. Así, lo que no era divertido ahora lo disfrutarán. Con ello, la tarea de ser padres se facilita, además de que estaremos contribuyendo a que nuestros hijos sean unos triunfadores.

El objetivo de ser padre es preparar a nuestros hijos para el futuro, no que nos amen.

Los padres suelen preocuparse mucho por la autoestima de sus hijos. Les preocupa cómo se sienten ante un fracaso y constantemente se involucran para hacerlos sentir bien, aunque su rendimiento sea mediocre. Pero, mientras que en el mundo occidental vivimos preocupados por el estado emocional de los niños, a los chinos eso no les inquieta. Cuando no obtienen buenos resultados, su conclusión es que no trabajaron lo suficiente para lograrlo.

En nuestra sociedad, los padres respetan la individualidad de los niños, los animan para que logren sus objetivos, apoyan sus decisiones, los premian y nutren su ambiente. En cambio, los chinos, en vez de protegerlos, los preparan para el futuro, los educan para ser capaces y los arman de habilidades y hábitos de trabajo. De esta forma, logran que su confianza jamás sea arrebatada.

CONSECUENCIAS DE QUE LOS PADRES ESTÉN AUSENTES

La cantidad de tiempo es tan importante como la calidad del mismo. En la década de 1980 surgió esta idea: "Es más importante la calidad que la cantidad de tiempo que dediques a tus hijos." Pero esto jamás fue cierto. Estudios de la neurociencia afirman que el tiempo de presencia paterno es tan importante (o más) que dedicarles poco pero de calidad.

Nadie sustituye el olor, el tacto, la voz y la calidez de un padre o de una madre. En la actualidad la mayoría de los padres trabajan ambos tiempo completo y llegan cansados y agotados para dedicar tiempo a la casa y menos a los hijos. Su ritmo acelerado de vida los deja sin energía para convivir con sus hijos. Muchos padres que trabajan nos dicen todo el tiempo: "Lo último que quiero hacer cuando llego a casa es ayudar a mis hijos con la tarea, responder a sus preguntas o pelear para que coman." Los padres cansados quieren descansar frente a la TV o estar un rato a solas.

La nueva generación de padres ausentes es más propensa a dejar su responsabilidad y convivencia con los hijos en manos de otros, ya sea nanas, guarderías, estancias infantiles, escuela con horario extendido o con los abuelos. Estas condiciones provocarán problemas de conducta en sus hijos:

1. *Trastorno de apego*: consiste en formas inapropiadas de relacionarse socialmente como consecuencia de no haber tenido cuidadores receptivos y sensibles en la edad temprana. Ocurre con mayor incidencia en niños con problemas de autismo, trastorno de Asperger y adaptación social.[7]
2. *Trastorno por déficit de atención e hiperactividad*: el niño no pone atención o se distrae de las situaciones.
3. *Trastorno desafiante oposicional*: el niño presenta conductas hostiles contra las figuras de autoridad.
4. *Trastorno de conducta*: se presentan conductas de agresividad y destructivas.
5. *Trastorno compulsivo obsesivo*: el niño tiene ansiedad por la fijación de patrones no comunes de conducta.

Los padres también suelen dejar a sus hijos en manos de la tecnología. De acuerdo con Susan Greenfield, profesora de neurociencia de la Universidad de Oxford y directora del Instituto Royal de Inglaterra,[8] la tecnología digital cambia nuestro cerebro. Según sus observaciones, existe conexión entre un alto uso de la computadora en niños y el incremento de autismo.

---

[7] Tony Attwood, *The Complete Guide to Asperger's Syndrome*, Jessica Kingsley Publisher, Filadelfia, 2008.

[8] Susan Greenfield, *ID: The Quest for Identity in the 21st. Century*, Hodder & Stoughton, Londres, 2008.

La edad digital está destruyendo la
habilidad de conexión.

MAMÁS DE ALAMBRE

En las décadas de 1950 y 1960, el psicólogo estadounidense Harry Harlow desarrolló una serie de experimentos –que ahora nos parecerían crueles– con monos recién nacidos.[9] Harlow separó chimpancés de sus madres inmediatamente después de su nacimiento y los crió durante tres, seis y hasta 12 meses en completo aislamiento de sus progenitoras. Después los integró socialmente con otros monos. Aunque demostraron estar físicamente saludables, sus conductas de interacción estaban totalmente afectadas, pues presentaban conductas autistas, como pobres relaciones sociales y de juego.

Harlow realizó su estudio con tres grupos de monos recién nacidos:

1. El primer grupo fue amamantado por su madre natural.
2. Un segundo grupo fue amamantado por un muñeco de tela.
3. El tercer grupo fue amamantado por un muñeco de alambre.

Después de varios meses se observó que el primer grupo de monos tuvieron un desarrollo físico, emocional y social normal; sin embargo, el segundo y tercer grupos tuvieron retraso en su desarrollo afectivo y adaptación (en especial el último). Las crías que fueron alimentadas por la madre falsa de alambre mostraron conductas antisociales, agresividad, autismo, menor autoestima y pobre desempeño en sus capacidades cognitivas. Estas crías no des-

[9] John P. Gluck y Harry F., *Arlow and Animal Research: Reflection on the Ethical Paradox*, Ethics & Behavior, **7(2)**: 149-161, 1997.

arrollaron conductas de apego. El apego es una conducta psicológica que favorece la cercanía con una persona determinada. Los niños que desarrollan un apego seguro son capaces de recurrir a sus cuidadores cuando se sienten angustiados.

El abandono afectivo se puede considerar como la causa más importante de trastornos emocionales y sociales en los niños y adolescentes. El doctor Bruce Perry, neurocientífico del Hospital de Houston, encontró consecuencias devastadoras en niños huérfanos de Rumania que a temprana edad carecieron del contacto físico y emocional de sus madres.[10] En la figura 1.1 se puede observar del lado izquierdo el cerebro de un niño normal de 3 años de edad y el de otro niño con la misma edad, pero que fue desamparado por sus padres (lado derecho de la imagen).

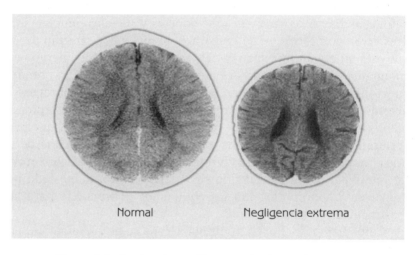

Figura 1.1. Cerebro de un niño normal y de un niño con poca estimulación física y afectiva (ambos de 3 años de edad).
FUENTE: Bruce D. Perry, MD. Ph. D. Child Trauma Academy (1997).

La carencia de estimulación física y afectiva provoca poco crecimiento neuronal para el aprendizaje y para favorecer relaciones de tipo social. Según el doctor Perry, si un niño tiene pocas opor-

[10] Bruce Perry, *The Boy Who Was Raised as a Dog: And Other Stories from a Child Psychiatrist's Notebook What Traumatized Children Can Teach Us About,* Perseus Books Group, Nueva York, 2007.

tunidades de apego tendrá dificultades para entablar en el futuro relaciones significativas con otros.[11]

Muchos de los niños de hoy serán criados por "mamás de alambre", es decir, por personas que tendrán una escasa interacción física y emocional con ellos. La mayoría de las nuevas mamás amamantarán a sus bebés un promedio máximo de un mes.[12] Esto no será suficiente para generar un vínculo biológico de apego producido por la oxitocina (la cual se considera "la hormona del apego" y produce mayor confianza y empatía). De hecho, se le conoce como "la hormona del amor". Cuando una madre amamanta a su bebé, esta hormona es producida y genera un vínculo afectivo-biológico entre la madre y el hijo. Los ginecólogos y pediatras manifiestan que el periodo óptimo de amamantamiento es de seis meses como mínimo.

Los niños de hoy están más expuestos a una gran cantidad de patologías físicas, cognitivas, emocionales y sociales; muchas madres viven con estrés en su embarazo, lo que afecta al niño desde que está en el vientre materno. Después, recibirá poco tiempo en su amamantamiento, padecerá ausencia de sus padres, no tendrá oportunidades de realizar ejercicio físico, padecerá de sobrepeso y obesidad, tendrá una pobre nutrición, será expuesto tempranamente a la televisión y a las computadoras, sus padres querrán acelerarlo en sus experiencias y privilegios, tendrá encima de sí una gran presión social para vivir un estilo de vida *light*, consumista, relativista y sin un sentido significativo. Con demasiada indulgencia y sobreprotección los equipamos pobremente para las frustraciones y retos de la vida.

Como hemos dicho, en la última década se ha incrementado el porcentaje de niños con serios problemas de conducta, pobres habilidades sociales, problemas de aprendizaje, problemas de atención e hiperactividad. Los maestros reportan problemas de atención en sus alumnos, y afirman que procesan la información más despacio y de modo más deficiente; además, la conducta en los salones de clase cada vez es peor.

Muchos niños menores de un año de edad son cuidados por alguien que no es su madre. La mitad de los niños de preescolar tienen madres que trabajan y un alto porcentaje de niños en edad

---

[11] *Idem.*

[12] Nota de los autores: es de nuestros estudios realizados durante 2011 y 2012.

escolar están en sus casas por las tardes sin supervisión de alguno de sus padres.

ANOMIA: GENERACIÓN SIN LEY

Desde 1897 Émile Durkheim, el padre de la sociología de la educación, advirtió los peligros que vienen con la libertad: la afluencia (dar en abundancia) y la tecnología, especialmente la condición llamada **anomia**. La palabra anomia viene del griego y significa "sin ley". Anomia significa carencia de reglas, normas o ideales claros. Para Durkheim son muy importantes las instituciones sociales que reflejan las normas, ya que sin estos valores produciremos generaciones egoístas y consumistas de conductas carnales.

"Cuanto mayor sea la debilidad de los grupos a los que pertenece el individuo, menos dependerá de ellos y más lo hará de sus propios intereses."

ÉMILE DURKHEIM

ELEFANTES DELINCUENTES

En 2010 fuimos invitados a Sudáfrica para impartir conferencias y talleres a padres de familia y maestros en cuatro ciudades: San Petesburgo, Ciudad del Cabo, Puerto Elizabeth y Nelspruit. Durante nuestro viaje tuvimos la oportunidad de visitar el Parque Nacional Kruger (el más grande de Sudáfrica y uno de los más grandes del mundo), donde nos contaron una historia hermosísima, además de impactante. Resulta que en 2005 los cuidadores comenzaron a encontrar rinocerontes blancos muertos. En un solo año fueron asesinados casi 50% de ellos. Como los rinocerontes blancos están en peligro de extinción, no tardó en brotar una enorme preocupación e interés por tomar acciones para su protección. Luego de varios meses, los investigadores se encontraron con una gran sorpresa: los asesinos de rinocerontes eran los elefantes. Sin una causa clara, los elefantes atacaban a los turistas, destruían las aldeas y lastimaban a otros animales (entre ellos al rinoceronte blanco) hasta matarlos. Este comportamiento no era normal, ya que los elefantes sólo matan para defender a su manada. Se convirtieron en "elefantes delincuentes", según el programa de televisión estadounidense: "sesenta minutos".

¿Por qué el elefante, siendo un animal pacífico, estaba atacando y asesinando a otros animales? La historia es la siguiente: a mediados de la década de 1980, el Parque Nacional Kruger tenía una gran cantidad de elefantes que ocasionaba destrucción del medio ecológico. En aquellos años no había camiones suficientemente grandes para transportarlos a otros parques, de modo que la única solución que encontraron fue matar a todos los adultos, dejando vivos a los bebés, ya que ellos sí podían ser transportados en camionetas. Después de 20 años, estos elefantes se convirtieron en adolescentes, pero jamás tuvieron modelos adultos que los orientaran acerca de cuál era la mejor forma de comportamiento. Crecieron sin padres que los corrigieran y nunca supieron cuál era la conducta apropiada para su especie. Llama la atención que estos elefantes, antes de tomar agua en los estanques, movían con su trompa el agua para hacer pequeñas olas con objeto de no ver su imagen reflejada en el agua: no aceptaban su imagen. Crecieron sin identidad y desconocían que eran elefantes.

Los directivos del parque decidieron matar a los elefantes, con el fin de proteger a sus rinocerontes. Sin embargo, después de varios meses (principios de 2006), encontraron una mejor solución: decidieron traer a tres elefantes adultos de otros parques. Éstos debían ser elefantes de edad avanzada y con mucha autoridad, para que disciplinaran a los elefantes delincuentes. En seis meses, los elefantes rebeldes fueron aplacados por los adultos y terminaron los asesinatos. ¡Qué tan importante es tener modelos y figuras de autoridad!

No es difícil imaginar que algo parecido pueda pasarle a esta iGeneración si crece sin mentores o modelos que los orienten. Esta generación tiende a tener más influencia de sus amigos y compañeros que de sus padres y maestros. Al pasar mucho tiempo con sus pares, pierden el contacto con el mundo real. Y, al igual que los elefantes, no tienen una idea clara de lo que son ellos y cómo deben ser ellos, de modo que producen "olas" para desconectarse de ellos mismos y para no ver la realidad tal como es.

El aumento en el número de divorcios y la gran cantidad de familias disfuncionales han deteriorado la autoridad de los padres, pues en vez de centrar su energía en cómo educar y disciplinar a sus hijos en forma conjunta, se desgastan en peleas de uno contra otro. Los nuevos estilos familiares favorecen que los hijos crezcan en soledad, sin "elefantes adultos".

La mayoría de las veces tener libertad significa estar solo: como los padres llegan muy cansados a casa, el hijo se conecta con su mundo virtual, desde que el niño llega a su casa está solo, ya que mamá y papá trabajan; o bien, es atendido por la nana mientras su madre está en su clase de aerobics o tomando el café con sus amigas. También es muy común que el niño esté a cargo de sus abuelos o en una estancia, ya que su mamá trabaja tiempo completo porque es madre soltera. La soledad de los niños hace que tengan más dificultad para concentrarse en sus tareas, realizar ejercicio o dormir bien.

¿Demasiado rápido o demasi@do lento?

"En primero de primaria tenemos cuatro niños con problemas de aprendizaje y seis con problemas de conducta, sobre todo agresión e hiperactividad; en segundo de primaria hay cinco niños con problemas de aprendizaje y seis con indisciplina. Hoy los niños carecen de valores morales. El respeto y la tolerancia son cuestiones que ya no manejan los alumnos. Los padres no están comprometidos."

DIRECTORA DE UNA ESCUELA PRIMARIA

"Mis hijas se están haciendo adultas antes de tiempo; viven conectadas a la tecnología y no hay convivencia familiar. Son muy insistentes cuando quieren algo: siempre están pidiendo mucho más de lo que tienen, pero nunca es suficiente."

PADRE DE DOS HIJAS,
de 7 y 10 años de edad

En los últimos años, ante ciertas actitudes de nuestros niños y adolescentes, los padres de familia y maestros nos preguntamos: ¿están creciendo demasiado rápido? Pero luego, frente a otras acciones, nos cuestionamos: ¿están creciendo demasiado lento?

Para ambas preguntas, la respuesta es: sí.

La razón es simple: los niños y adolescentes se enfrentan en ambas direcciones. Por un lado, crecen muy rápidamente. A partir de los 7 u 8 años de edad, muchos niños quieren entrar al mundo de los adolescentes. En nuestros estudios, 45 % de los alumnos de primero a tercero de primaria y más de 90 % de los alumnos de cuarto a sexto grados de primaria tienen cuenta de Facebook. Como hemos dicho, la mayoría de ellos están expuestos a páginas Web, redes sociales, *reality shows* en la televisión, programas y películas demasiado explícitos para su edad y expuestos a situaciones ilimitadas de programas diseñados para adolescentes, como series de televisión o novelas. Al mismo tiempo, los adolescentes se enfrentan a situaciones de adultos, pues consumen alcohol y pornografía e incluso experimentan relaciones sexuales a muy corta edad. La adolescencia ya no es la antesala de la adultez, sino el inicio de la vida adulta. Los niños de hoy pierden su inocencia muy tempranamente.

Por otro lado, los niños y adolescentes quieren ser independientes muy pronto, pero sin responsabilidad; desean total libertad, pero no tienen la capacidad de sufrir las consecuencias por sus malas decisiones. Muchos universitarios (adultos todos ellos) son tratados por sus padres como adolescentes: llaman a los profesores de sus hijos para justificarles sus faltas o para excusarlos por el incumplimiento de un trabajo escolar; además, deben recordarles sus obligaciones académicas y suelen ayudarles a hacer sus tareas. La mayoría de ellos continuará dependiendo de sus padres, aun al terminar sus estudios profesionales. Así es que, por un lado, están siendo "acelerados" en su crecimiento al ser expuestos a una gran cantidad de información y tecnología, pero por otro lado carecen de experiencias de la vida real, por lo que la madurez llega a su vida muy lentamente.

Claudia Allen afirma que, en Estados Unidos, la mitad de los hombres y mujeres entre los 18 y 24 años de edad viven todavía con sus padres y que 60 % recibe apoyo económico después de terminar sus estudios universitarios.[1]

Veamos un ejemplo de esta situación: Juan es un muchacho de 22 años de edad, saludable y con las características que cualquier

---

[1] Claudia Worrell Allen y Joseph Allen, *Escaping the Endless Adolescence: How We Can Help Our Teenagers Grow Up Before They Grow Old*, Random House, Nueva York, 2009.

padre puede soñar. Desde muy pequeño fue expuesto a una gran cantidad de estimulación cognitiva e intelectual:

○ Música clásica y barroca fundamentada en "el efecto Mozart".
○ Videos para bebés, de "Baby Einstein".
○ Estimulación temprana desde los tres meses de edad.

Como resultado de toda esta estimulación:

○ A partir de los cuatro años de edad empezó a leer libros.
○ A los cuatro años y medio usaba la computadora, navegaba por Internet, aprendía matemática y jugaba videojuegos.
○ A los seis años de edad bajaba programas y música de Internet.
○ A los seis años y medio tuvo su primer celular y mandaba mensajes de texto a sus amigos. Además, abrió su propia cuenta en Facebook.

Por lo anterior, sus padres lo consideraban un niño inteligente y sus familiares y maestros un niño prodigio. Todos pensaban que su futuro era prometedor y lleno de éxito. Sin embargo, a los 22 años de edad, Juan es diferente. Aunque todavía es inteligente, su vida se ha estancado. En dos ocasiones abandonó la preparatoria y en una la universidad. Aunque tiene muchos amigos en Facebook, evita comunicarse cara a cara con los adultos. Juan se pasa más de siete horas diarias frente a un monitor o pantalla (ya sea de televisión, computadora, videojuego o celular) y evita cumplir con sus obligaciones familiares, profesionales y sociales. Sus noviazgos son cortos y sus novias se cansan de él ya que lo consideran una persona narcisista. Juan no tiene idea lo que quiere en la vida. Aunque su edad biológica es de 22 años, su madurez parece de un niño de 10 años de edad. Sus maestros y padres no han tenido éxito en prepararlo para el futuro.

Hoy el mundo es diferente y los niños también: están colmados de privilegios y sus padres se centran en satisfacer todas sus "necedades" (no necesidades). Al realizar un estudio longitudinal, la doctora Jean Twenge encontró que hoy día los estudiantes son 34 % más narcisistas que los estudiantes de hace 15 años.[2]

Ahora los niños de 10 años parecen de 21 y los de 21 años parecen de 10.

En 2002, la Academia Nacional de Ciencias de Estados Unidos redefinió la adolescencia como el periodo de extensión desde la pubertad hasta los 30 años de edad.

Los adultos de hoy han retrasado muchas experiencias con respecto a lo que hicieron sus padres y abuelos:

1. La edad promedio en que terminan la universidad es a los 24 años.
2. Se independizan económicamente de sus padres después de los 30 años de edad.
3. La edad en la que dejan la casa de sus padres para vivir en forma independiente es después de los 30 años.
4. Contraen matrimonio alrededor de los 30 años de edad.
5. Tienen su primer hijo alrededor de los 35 años de edad.

CRECEN RÁPIDO... PERO SON FLOJOS

Hay varias causas por las cuales los niños y adolescentes de hoy crecen aceleradamente pero no maduran:

Los videojuegos. Los estudios y la experiencia nos demuestran que los muchachos pasan más tiempo jugando videojuegos que ha-

---

[2] Jean Twenge, *The Narcissism Epidemic: Living in the Age of Entitlement*, Free Press, Nueva York, 2009.

ciendo sus tareas escolares. Los niños y adolescentes varones que pasan más de 13 horas a la semana enfrente de una consola de juego retardan su desarrollo para la vida. Los videojuegos retrasan la habilidad para enfrentar problemas o conflictos de la realidad.

Prescripción de medicamentos. El periódico *The New York Times* publicó, el 9 de junio de 2012, un artículo titulado "Las drogas para estudiar". El artículo afirma que en la actualidad los estudiantes de preparatoria y universidad consumen estimulantes "lícitos" y dependen de ellos para poder mantener una atención y esfuerzo en el estudio. Al tener poco desarrollo del autocontrol y autodisciplina, dependen de drogas como Adderall, Vyvanse o Concerta para automotivarse, evitar la fatiga o impedir dormirse al hacer la tarea o estudiar. En las escuelas primarias o secundarias encontramos más niños medicados con drogas como Strattera o Concerta, porque son diagnosticados con hiperactividad y/o déficit de atención. Sin embargo, en muchos de ellos su problema no tiene un origen neurológico, sino que se deriva de un mal entrenamiento para el autocontrol. Los niños y adolescentes depositan su regulación en el ambiente y no en educar su voluntad y carácter. De esta forma, se convierten en farmacodependientes desde pequeños.

> "La conquista de sí mismo es la mayor de las victorias."
>
> PLATÓN

Los estilos parentales. Esta nueva generación de hijos es producto de una nueva generación de padres, para quienes lo más importante en su vida son sus vástagos. El estilo parental se está transformando de padres obedientes a padres ausentes.

La escuela y los métodos de disciplina: Frente a estos nuevos padres y estudiantes, la escuela de hoy es más *"light"* (ligera o fácil). Mientras que antes una tarea merecía una calificación de 7, ahora un trabajo con esa misma calidad obtiene una calificación de 10. Mientras que en el pasado llegar tarde a la escuela era motivo para que el estudiante obtuviera una mala nota o prohibir ingresar ese día, ahora cuando mucho se le hace una llamada de atención (y con delicadeza para no que no se sienta como una reprimenda, porque de lo contrario los padres reaccionarán contra la escuela). No estamos enseñando a los niños y adolescentes de la mejor forma ni en la casa ni tampoco en la escuela.

Los medios de comunicación y la tecnología. Pese a los grandes beneficios de la tecnología, la televisión, Internet, el teléfono celular, el Facebook, YouTube y los videojuegos también traen consigo consecuencias negativas. Todos estos medios gratifican o premian inmediatamente, de modo que si algo tarda no es visto como divertido. En general, al participar en las redes sociales, al escribir un mensaje de texto o en un juego de video recibimos respuesta y gratificación en forma inmediata. Ello nos impide desarrollar la habilidad de postergar una gratificación para perseguir una meta superior o a largo plazo. De este modo, el predominio de la tecnología en la vida de niños y adolescentes favorece en ellos la inmediatez y la impulsividad, así como la ansiedad que produce vivir en un mundo acelerado.

Para recapitular, las características más importantes de la iGeneración (nacidos a mediados del año 2000) son:

- ○ Tienen escasa empatía.
- ○ Son apáticos y se aburren con facilidad.
- ○ Viven desconectados del mundo real.
- ○ La tecnología se ha convertido en una extensión de su cuerpo.
- ○ Se conducen bajo la presión de los amigos ("Si mis amigos lo hacen o lo tienen…").
- ○ Son narcisistas.
- ○ Son indecisos sobre su futuro.
- ○ Retrasan su maduración.
- ○ Tienen un pobre autocontrol.
- ○ Tienen poca tolerancia a la frustración.
- ○ Están expuestos a las adicciones desde la infancia.
- ○ Viven con impulsividad y distracción.
- ○ Tienen problemas emocionales: depresión, ansiedad y baja autoestima.

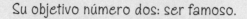

Su objetivo número uno: ser rico.

Su objetivo número dos: ser famoso.

Una persona madura y saludable vive de acuerdo con principios y valores. Actúa íntegramente y bajo modelos morales y éticos. Encarna actitudes con:

○ Autodisciplina.
○ Estabilidad emocional.
○ Valores comunes.
○ Voluntad y carácter.
○ Un claro sentido de identidad y aceptación personal.

En otras palabras, las personas saludables tienen un buen desarrollo de su inteligencia frontal o ejecutiva, tema que estudiaremos al final de este libro.

3

Las cuatro grandes epidemias f@miliares del milenio

"Los problemas que tengo con mis hijos se relacionan con la violencia, la inseguridad, los medios y la tecnología. Todo ello influye en los niños y adolescentes para que exista una carencia de valores en esta sociedad, donde predominan el alcohol, las drogas, el *bullying* y la pornografía."

MADRE DE TRES HIJOS,
de 12, 13 y 16 años de edad.

Quizá la época más difícil en toda la historia para ser padre es la actual. Los padres de hoy enfrentan circunstancias sin precedentes, lo más común es encontrarse con hijos con depresión, ansiedad, obesidad y diabetes. En la vida diaria es frecuente conocer casos de *bullying*, suicidio, embarazos no deseados, abuso de alcohol, fracaso y deserción escolar, e hijos adultos que siguen viviendo en casa de sus padres y que no estudian ni trabajan, ni mantienen una relación amorosa, etc. En los últimos 20 años hemos sido testigos de un crecimiento dramático y alarmante de problemas de adaptación y de conducta, lo cual ocurre no solamente en nuestro país, sino también en el mundo entero.

Hace 20 años, el autismo era considerado un trastorno extraño. Ahora, por el contrario, es un trastorno más común. En Estados Unidos se estima que uno de cada 91 recién nacidos padece este trastorno. Hace pocos años sólo uno de cada 150 niños lo padecía. Las estadísticas por trastorno por déficit de atención e hiperactividad son más alarmantes. Este es considerado el trastorno cuya incidencia ha aumentado más, a tal grado que hoy afecta a 10 % de los niños. Los trastornos de aprendizaje están, de igual modo, a la alza. Se estima que 15 % de niños padece dislexia, cuando antes era un padecimiento raro; además, 7 % de niños sufren problemas con las matemáticas (discalculia). Al sumar todas estas cifras podemos decir, conservadoramente, que entre 25 y 30 % de la población infantil padece algún problema de conducta o de aprendizaje.[1] Y esto tiende a empeorar. Cabe señalar que los niños (varones) sufren la mayoría de estos trastornos: cuatro de cada cinco niños autistas son varones; los niños sufren seis veces más de déficit de atención e hiperactividad que las niñas y 75 % de los niños reprobados y con problemas de disciplina son varones. Mientras tanto, las niñas suelen sobresalir en los deportes, en sus actividades académicas y en su interacción social (hacen muchas amigas). Por primera vez en la historia, son más las mujeres que se gradúan de la universidad (seis de cada 10) y obtienen más becas que los hombres.

La mayoría de los problemas descritos no tienen un origen neurológico, ni físico, sino que tienen un origen educacional: la falta de control y disciplina. Más de 80 % de los padres están preocupados por la mala conducta de sus hijos y la falta de motivación. Pero no son los padres los únicos preocupados; también los maestros y las instituciones educativas observan alumnos con grandes carencias cognitivas para el aprendizaje y con serios problemas de conducta: *bullying*, robos, mentiras, destrucción del mobiliario e instalaciones, deshonestidad académica, adicciones y falta de respeto hacia los maestros y compañeros.[2]

La mayoría de los problemas de conducta en los niños no se relacionan con trastornos mentales o psicológicos.

[1] *Dyslexia, Dyssorthograpy, Dyscalculia Review of the Scientific Data*. < http://www. ncbi.nim.nih.gov/books/NBK10787/pdf/dyslexia.pdf >.

[2] Angela Duckworth y Martin Seligman, *Self-Disciplinc Oudoes IQ in Redicting Academic Performance of Adolescents. Pychological Science*, **16(12):** 939-944, 2005.

Los maestros tienen más dificultad para controlar a sus alumnos porque éstos muestran menos respeto a las figuras de autoridad, son menos activos físicamente, tienen periodos de atención más cortos y muestran mucha indiferencia y apatía hacia la escuela. Tienen una dieta muy pobre y un estilo de vida sedimentario, pues son adictos a las computadoras, celulares y iPods. En México existe un crecimiento acelerado de niños obesos. Nuestro país está considerado entre el primero y segundo lugar a nivel mundial en obesidad infantil, pues este mal lo padecen casi 30 % de los niños menores de 11 años de edad. Además, México es considerado el país con mayor número de niños con diabetes a nivel mundial, según anunció el presidente Felipe Calderón el 25 de enero de 2011.

Los "padres *boomers*" (nacidos entre 1950 y 1970) vivimos el "efecto bumerán": los hijos regresan a casa después de graduarse de la universidad para vivir con papá y mamá, indefinidamente. En su libro *Escaping the Endless Adolescence: How We Can Help Our Teenagers Grow Up Before They Grow Old* (Escapando de la adolescencia sin fin: cómo podemos ayudar a nuestros adolescentes a crecer antes de que sean adultos), Claudia Worrell Allen afirma que los jóvenes de 25 años de edad equivalen a los adolescentes de 15 años de edad del pasado. Son los nuevos adultos con una adolescencia perpetua.[3]

En marzo de 2012 concluimos un estudio en el cual interrogamos a más de dos mil personas, entre terapeutas familiares, psicólogos, maestros (desde los niveles de preescolar hasta universidad) y padres de familia. Se les cuestionó sobre las dificultades que enfrentan los niños y adolescentes del nuevo milenio y sus respuestas se pueden resumir como sigue.

Según los padres de familia:

○ Inseguridad.
○ Abuso del alcohol.
○ Abuso de la tecnología.
○ Conflictos por los permisos.
○ Incumplimiento de tareas escolares.
○ Problemas de comunicación.
○ Problemas de disciplina.

[3] Claudia Worrell Allen, *Escaping the Endless Adolescence: How We Can Help Our Teenagers Grow Up Before They Grow Old*, Random House, Nueva York, 2009.

Según los maestros:

○ Falta de respeto.
○ Uso de la tecnología en la escuela.
○ Falta de atención, distracción.
○ Indisciplina y constantes interrupciones.
○ *Bullying* y agresividad.
○ Retrasos y ausencias a clase.
○ Irresponsabilidad en tareas y estudio.
○ Apatía y mínimo esfuerzo.

Según los terapeutas y psicólogos:

○ Tabaquismo y abuso de alcohol y otras drogas.
○ Sexualización precoz (mujeres) y uso de pornografía (hombres y mujeres).
○ *Bullying*.
○ Violencia y pandillerismo.
○ Fracaso escolar (varones).
○ Padres ocupados y solteros.
○ Aislamiento cibernético.
○ Trastornos alimenticios: obesidad, anorexia y bulimia.

En síntesis, los problemas o nuevas epidemias a las que se enfrenta la iGeneración son los siguientes:

1. *Viven desconectados.* Esta generación vive en general un aislamiento cibernético caracterizado por:

   ○ La distracción y el déficit de atención.
   ○ La adicción a redes sociales.
   ○ Estar conectados a la tecnología en todo minuto.
   ○ La realización de varias cosas a la vez (son "multitarea").
   ○ Conexión virtual y aislamiento (no hay comunicación cara a cara).

2. *Están vacíos.* Esta generación vive una mayor dificultad para mantenerse emocionalmente estables:

- ○ Viven con inmadurez emocional.
- ○ Sufren depresión, ansiedad y baja autoestima.
- ○ No tienen un sentido de vida significativo y su visión de la realidad es corta.
- ○ Tienen poca tolerancia a la frustración.
- ○ Son narcisistas.
- ○ Padecen dismorfia corporal.
- ○ Tienen pocas aspiraciones.
- ○ No tienen un sentido de la jerarquía y de orden en la vida.
- ○ Padecen estrés y ansiedad.
- ○ Siempre están aburridos.
- ○ Las niñas experimentan una sexualización temprana.

3. *Tienen tendencias adictivas.* Esta generación está expuesta a un número mayor de adicciones y a más temprana edad no sólo al alcohol y otras drogas, sino también a la pornografía, la tecnología y las apuestas (ludopatía).

4. *No desarrollan sus capacidades, sino se inutilizan.* Esta generación demuestra un menor número de capacidades físicas, cognitivas, académicas y volitivas y tiene una madurez tardía:

- ○ En cuanto a sus capacidad física, tienen menor rendimiento y realizan menor esfuerzo físico; sufren obesidad, anorexia y bulimia; tienen déficit de sueño (son la "generación vampiro"); se comportan con pasividad e inutilidad en labores del hogar; son hiperactivos.
- ○ Con respecto a sus capacidades sociales, tienen poca empatía, practican el *bullying* y no suelen respetar a sus padres, maestros y compañeros.
- ○ En cuanto a sus capacidad cognitiva y académica, tienen un alto nivel de reprobación y deserción escolar (especialmente los hombres); suelen padecer de pobreza cognitiva y académica: escasa atención y memoria de trabajo; poco

esfuerzo en la realización de tareas y estudio; nulos hábitos de estudio; no realizan metacognición; tienen dificultades para la comprensión, así como para la lectura, escritura, la aritmética, el cálculo mental y estrategias para la solución de problemas.

○ En relación con su capacidad volitiva, tienen poca iniciativa, poca persistencia y esfuerzo, son inmaduros; los hijos adultos permanecen en casa sin estudiar, trabajar ni tener novia; hay poco afán de superación, carencia de compromiso y buscan la satisfacción inmediata de sus deseos.

Hace apenas unas décadas, los padres pensaban que era necesario poner en apuros, aprietos o dilemas a los niños para construir su carácter y voluntad. Hoy por el contrario los padres odian ver a sus hijos en aprietos. Les dan todo, les resuelven sus problemas, les evitan los fracasos. Los padres se enojan cuando el entrenador saca a su hijo del partido o cuando el maestro le llama la atención porque no hizo la tarea. Sin embargo, sin estas dificultades, los niños no aprenderán ni comprenderán el valor del trabajo duro y del esfuerzo. Los niños necesitan vivir éxitos y fracasos. Necesitan aprender cómo ser un ganador y cómo tener éxito en la vida. Pero si obtienen todo lo que quieren sin esfuerzo alguno, no aprenderán a obtenerlo por ellos mismos. Crecerán con inseguridad y, de esta forma, nunca madurarán.

En síntesis, podemos decir que las siguientes virtudes no las desarrollan los niños y adolescentes de hoy:

○ *Paciencia*: no son capaces de postergar la gratificación.

○ *Conexión*: tienen pocas habilidades de interacción social.

○ *Responsabilidad*: tienen poca capacidad de hacer lo correcto y les falta sentido del deber.

- *Tenacidad*: renuncian al esfuerzo para cumplir un compromiso.
- *Empatía*: tienen poca habilidad para ver y sentir lo que los otros viven.
- *Memoria*: poseen poca habilidad para recordar y aprender de experiencias previas.

Pese a estas carencias, sin embargo, los padres parecen estar ciegos y culpan a los maestros, al entrenador, al sistema y a los demás de los fracasos de sus hijos, y éstos se convierten así en víctimas.

Primera epidemia: hijos desconect@dos

"Carecemos de convivencia familiar, pues mis hijos se la pasan demasiado tiempo en la televisión, los videojuegos y la computadora."

MADRE CON TRES HIJOS,
de 3, 5 y 9 años de edad

"Le gusta mucho traer aparatos electrónicos en la mano."

MADRE DE UN NIÑO
de 1 año y 7 meses de edad

"Siempre tienen sus computadoras, celulares y iPads afuera."

PROFESOR UNIVERSITARIO

"Faltan al respeto siempre, usando celulares y aplicaciones no permitidas en clase."

PROFESOR DE SECUNDARIA

"Antes los problemas de disciplina consistían en que los muchachos hacían ruido; ahora los problemas se relacionan con el uso de celulares y de tecnología."

PROFESOR UNIVERSITARIO

El principal problema con mis hijos es la comunicación y los límites, porque ahora todos (me incluyo) preferimos estar con el iPod, iPad, celulares y otras comunicaciones que limitan la comunicación. Cuando estamos todos reunidos ponemos atención al celular y nadie habla.

MADRE DIVORCIADA CON DOS HIJOS,
de 10 y 13 años de edad

GENERACIÓN "¡DISTRAÍDA"

A mediados de la década de 1970 era estudiante de la licenciatura de Ciencias de la Educación en la Universidad de Monterrey. Recuerdo que en una de mis materias, Comunicación I, empecé a escuchar a un innovador de la tecnología, Marshall McLuhan, y a estudiar sus conceptos fundamentales (como "el medio es el mensaje" o el concepto de "aldea global"). En aquel entonces no entendía por completo el significado de estos conceptos y en especial la repercusión en la sociedad. Como me ocurrió con muchos otros autores y contenidos, estudié a McLuhan, de memoria pero sin comprender y menos saber su aplicación. Lo veía muy lejos y, muy probablemente, con poca transferencia. Pensaba: ¿Qué fuma este tipo? ¿Cómo es posible que la tecnología sea la responsable más importante de dirigir y construir los patrones sociales? ¿Cómo puede ser que los medios electrónicos (radio, televisión, teléfono y cine) sustituyan a los libros en la comunicación de pensamientos o ideas? ¿Cómo podría ocurrir que toda una sociedad se transforme debido a la velocidad de las comunicaciones? ¿Cómo es posible que podamos comunicarnos de manera instantánea y directa? ¿Cómo podemos formar una sola "aldea global"? Sin embargo, sus paradigmas resultan ser una realidad hoy.

Según McLuhan, los medios son una extensión del hombre. Desde nuestro punto de vista, ya son parte de su cuerpo, como una mano o un pie. Algunas personas dicen que los bebés de hoy ya nacen con un chip integrado. Son, como lo define Tapscott en su libro *Grow Up Digital* (*Creciendo digitales*), una generación digital.

El doctor McLuhan nos advierte que la era electrónica puede ahogarnos en su invasión. Ha habido grandes cambios dramáticos de la era impresa (libro) a la era electrónica y ahora el comienzo de la era digital. Los cambios son paulatinos pero radicales. Las nuevas tecnologías (en concreto Internet) permiten el surgimiento de la era digital.

En los últimos años los grandes cambios en la dinámica de las sociedades, como la vida sedentaria, el incremento de sobrepeso y diabetes, la ausencia de los padres en la vida de sus hijos, la exposición extensa a la televisión, la computadora y los videojuegos, el estrés en los estilos de vida y la mala nutrición. Curiosamente, todos estos fenómenos coinciden con el incremento en el porcentaje de niños con serios problemas de conducta, pobres habilidades sociales, problemas de aprendizaje, problemas de atención, hiperactividad, etc.

Parece que carecemos de reflexión y juicio crítico ante las nuevas imposiciones electrónicas. Recuerdo que, en 1995, durante mis estudios doctorales en Estados Unidos, recibí información sobre una página de Internet: AOL (America On Line). Daban 10 horas gratis para probar su uso. La renta en línea era limitada por mes: 10, 20 o 50 horas mensuales, con costo diferente. Esta fue la primera vez que tuve contacto con Internet. Bajar una fotografía de Internet a la computadora era una tarea maratónica, ya que demoraba más de 20 minutos. En ese entonces, no entendía a cabalidad el uso que podía dar al correo electrónico. Ahora el acceso a Internet ha roto toda barrera de espacio y tiempo. Podemos conectarnos en forma inmediata, ilimitada y multifacética.

En la actualidad los niños y adolescentes se pasan frente a un monitor (TV, computadora, videojuego, iPad, mp3 o celular) un promedio de 6 a 7 horas diarias. Se considera que en esta actividad se invierte la mayor cantidad de tiempo después de dormir.

Hace algunos meses, mientras comía en un restaurante, observé a una pareja de novios que compartían caricias, besos y abrazos. En ese momento, el muchacho recibió una llamada en su celular, la cual contestó inmediatamente. En seguida la muchacha se puso a escribir mensajes de texto y pronto parecían dos desconocidos. Así fue por un espacio de más de 30 minutos. Terminé de comer y continuaron cada quien conectándose con su realidad virtual, pero desconectados con su pareja.

En nuestro libro *Por qué las princesas y los príncipes se convierten en brujas y sapos*,[1] entrevistamos a jóvenes recién casados de entre 20 a 25 años de edad para analizar su estilo romántico y sus nuevas formas de interacción matrimonial. Dos de las preguntas del cuestionario fueron: ¿Qué herramientas tecnológicas te llevaste a tu luna de miel?, ¿por qué? El 100 % se llevó al menos una herramienta: laptop, celular o iPad. Y al preguntarles por qué, más de 80 % nos contestó que para evitar el aburrimiento y para estar conectado con el mundo, pero ¿cómo estar aburridos en la luna de miel? "En la noche, cuando no teníamos nada que hacer, abríamos nuestras laptops y entrábamos a nuestros Facebooks; subíamos las fotografías del día y veíamos quién entraba y nos comentaba", nos respondían. Y les preguntamos: "¿ Un Facebook de los dos?" "¡Claro que no! Cada quién con su Facebook", nos decían extrañados.

En su libro *Me, MySpace and I: Parenting the Net Generation* (Yo, MySpace y yo: educando la generación Net), Larry Rosen informa que 92 % de los adolescentes estadounidenses están en línea tres horas diarias. El 70 % de los adolescentes y 40 % de preadolescentes (entre 9 y 11 años de edad) tienen su propio celular y se pasan

---

[1] Jesús Amaya y Evelyn Prado, *Por qué las princesas y los príncipes se convierten en brujas y sapos*, Trillas, México, 2012.

comunicándose a través de él casi dos horas diarias. Además, 87 % de los muchachos de entre 8 y 17 años de edad juegan videojuegos casi todos los días 75 % de los adolescentes se la pasan enviando mensajes a través de su Facebook a un promedio de 40 personas por semana e invierten en ello casi 10 horas a la semana. Por su parte, 75 % de los adolescentes se la pasan dos horas diarias grabando o escuchando música en línea. En síntesis, podemos decir que los niños y adolescentes están enfrente de una pantalla un promedio de seis a siete horas diarias. Estamos hablando de que una tercera parte de su vida se la pasan conectados virtualmente y desconectados de la vida real.

LA TECNOLOGÍA Y EL CEREBRO

Los niños que ven la TV o juegan videojuegos por más de dos horas diarias tienen doble riesgo de presentar problemas de atención. Irónicamente, los niños hiperactivos y con déficit de atención son muy buenos en los videojuegos. La tecnología facilita el esfuerzo y la atención en ellos, más que cuando hacen la tarea escolar, según el diario científico *Science Daily*.[2] Los videojuegos requieren diferentes tipos de atención y estímulos que la realización de las tareas. En un juego de video se ganan puntos constantemente, lo cual estimula el cerebro a liberar un neurotrasmisor llamado dopamina (asociada con el sistema de placer del cerebro). La escuela no proporciona premios constantemente. Las tareas escolares no activan la liberación de dopamina, ya que sus recompensas son muy aisladas y, muchas de ellas, son aversivas.

Los medios, las redes sociales y la realización de múltiples tareas a la vez son los mayores distractores de los estudiantes. Según L. M. Carrier (*et al.*), a lo largo del tiempo ha cambiado la capacidad de la persona para realizar multitareas. Entre los boomers, 67 % afirmaba tener esta habilidad; los de la generación X eran 77 % y los de la generación del milenio 87 por ciento.[3]

---

[2] *Science Daily*, julio 7 de 2011, tomado de < http:// www.sciencedaily.com/ releases/ 2010/ 07/ 100706161759. htm >.

[3] L. M. Carrier, "Multitasking across generations: Multitasking choices and difficulty ratings in three generations of Americans", en *Computers in Human Behavior*, **25**: 483-489.

Trabajar con interrupciones (*multitask*) tiene efectos negativos: más estrés, más frustraciones, presión en el tiempo y mayor esfuerzo.[4]

La realización de multitareas no permite construir el mismo conocimiento que ocurre cuando se pone atención completa en una sola. Según David Meyer, investigador del multitasking de la Universidad de Michigan, muchas partes del cerebro están menos activas cuando alguien está realizando tareas múltiples y en los adolescentes existe un detrimento en la habilidad de pensar y analizar la información cuando llevan a cabo multitareas.[5]

En 2012 realizamos un estudio para evaluar el rendimiento cognitivo y la concentración usando el multitasking con adolescentes (secundaria y preparatoria). La tarea era muy simple: ellos debían contar el número de palabras (de 50 a 59 palabras) de varios párrafos; cada 10 segundos sonaba un ruido parecido a cuando se recibe un mensaje por celular o Internet. Al escuchar el sonido debían interrumpir su conteo de palabras del texto, abrir otra página y contestar una pregunta simple y familiar: ¿Cuál es tu primer nombre? ¿Cuántos años tienes? ¿Qué día de la semana es hoy? ¿Color favorito? ¿Qué desayunaste esta mañana? ¿Número de tu casa? ¿En qué grado estudias?

Después de contar las palabras de tres textos, se les pedía que contaran las palabras de otros tres, pero sin interrupciones. Los resultados fueron concluyentes. Los que contaron palabras con *multitasking*:

1. Quintuplican el tiempo para finalizar la tarea en la que no había un distractor.
2. No terminaron con la tarea 60 %.
3. Sólo 12 % obtuvo el número correcto en el primer intento.
4. Se observó más estrés, ansiedad y cansancio: 60 % no quiso continuar en el tercer o cuarto intento.

---

[4] D. Gudith y U. Klocke, conferencia presentada en 2008 en el 26o. Congreso Anual de Factores Humanos en Sistemas Computacionales en la ciudad de Nueva York.

[5] David Meyer, "Executive Control of Cognitive Processes in Task Switching", en *Journal of Experimental Psychology-Human Perception and Performance*, **27(4):** 763-797, 2001.

Ahora podemos entender por qué la mayoría de los muchachos se tardan en sus tareas escolares hasta la madrugada y por qué muchos de ellos no terminan. Mientras que la mayoría de los padres culpa a la escuela porque cree que es enorme la cantidad de tarea que encarga a sus hijos, la verdadera razón de que los jóvenes inviertan mucho tiempo en ella es que más de 95 % que estudia o hace tarea usa el multitasking, lo cual provocará además que no termine y que la calidad de su trabajo sea muy pobre. No culpemos a la escuela: pongamos límites a nuestros hijos en el uso de la tecnología.

En promedio, los adolescentes se desconectan solamente una hora diaria de la tecnología.

El investigador estadounidense Broyles afirma que no es benéfico que los niños y adolescentes tengan TV en su cuarto. Por lo general los padres que permiten a los muchachos tener computadora en su recámara son más permisivos y negligentes. Tener tecnología donde los niños y adolescentes pasan más el tiempo los hace más propensos a desarrollar trastornos relacionados con la atención e hiperactividad.[6] También desarrollan problemas que tienen que ver con relaciones sociales, habilidades de comunicación y poca empatía. Cuando pasamos más tiempo interactuando con otros a través de la tecnología y no cara a cara, la capacidad de empatía se altera. Es fácil establecer en línea relaciones con amigos, pero cuando lo hacemos cara a cara se convierte en algo más difícil. Las personas se aburren más fácilmente cuando las cosas no salen como lo planearon y el resultado es menor empatía, según el neurólogo americano Simon Baron-Cohen.[7] Aún más: la mitad de

[6] S. B. Sisson, S. T. Broyles, R. L. Newton, B. L. Baker y S. D. Chernausek, "TVs in the bedrooms of children: Does it impact health and behavior?", *Preventive Medicine*, **52:** 104-108, 2011.

[7] S. Baron-Cohen (abril 15 de 2011) "Lessons in empathy", *Financial Times*. Tomado de < http:// www.ft.com/ cms/ s/ 2/ 6b3fd4c8-6570-11e0-b150-00144feab49a.html# axzz1SDHs sTD3 >.

los adolescentes piensan que la comunicación a través de Internet es más efectiva que lo que ocurre cara a cara, cuando la comunicación es más íntima.[8] Un ejemplo es la página Web llamada **Second Life** (Una segunda vida): los usuarios tienen mayor confianza en sus relaciones al usar un avatar para interactuar con otros avatares. Aunque se trata de una representación artificial, crean un avatar alto y atractivo, lo cual trae beneficios psicológicos en personas que tienen problemas de inseguridad y baja autoestima. Crean una personalidad que les gustaría tener no solamente para ser aceptados, sino también admirados y famosos.

La tecnología se ha convertido en la niñera digital de niños pequeños y para adolescentes y jóvenes en el mejor medio de interacción con el mundo y con otras personas. Sin embargo, su exceso provoca mucho mal en el cerebro y en el cuerpo. Se produce dependencia, provocando aislamiento y menosprecio de otras actividades cotidianas, como estar con la familia o hacer ejercicio físico.

Estudios afirman que cuando un niño ve TV, la actividad de su cerebro se reduce y se hace lenta. Disminuye la actividad muscular, exceptuando los dedos, y desciende la estimulación al cerebro, especialmente al lóbulo frontal, que es el centro del aprendizaje, el pensamiento, la empatía, el control de impulsos y la toma de decisiones.

En 2002, la Academia Americana de Pediatría recomendó que niños menores de dos años de edad no vieran TV por ningún motivo. Estudios más recientes encontraron una correlación muy alta entre la hiperactividad y el tiempo de exposición a la TV en niños de edad preescolar, reduciendo la capacidad de controlar conductas agresivas e impulsivas.[9] Los niños que no practican el juego informal o espontáneo (por ejemplo, los juegos de antes, como Los encantados, Las escondidas o Rayuela) tienen menos motivación para aprender, poca creatividad y pobres habilidades sociales.[10] Sin algún éxito en estas tareas, será muy difícil que puedan enfrentar situaciones de reto y desarrollar buena interacción con sus amigos.

[8] P. M. Valkenburg y J. Peter, "Preadolescents' and adolescents' online communication and their closeness to friends", *Developmental Psychology*, **43(2):** 267-277, 2007.

[9] Esther Entin, Toddlers and TV: The American Academy of Pediatrics Says No. The Atlantic, oct. 31, 2011. < www.theatlantic.com >.

[10] Madeline Levine, *Teach Your Children Well*, Harper Collins, Nueva York, 2012.

¿QUÉ PASA CON EL CEREBRO DE NUESTROS ADOLESCENTES?

Los jóvenes de bachillerato pasan más tiempo frente a una pantalla, que en la escuela. En estudios realizados en el Centro Médico de la Universidad de Columbia, en Estados Unidos, se encontró que ver programas de violencia reduce la actividad del cerebro que se dedica a reprimir las conductas violentas. En otro estudio realizado por la Facultad de Medicina de la Universidad de Indiana, se evaluó los cerebros de 71 estudiantes que observaban programas violentos y se encontró una reducción en la actividad del lado derecho del lóbulo frontal (área que controla la conducta y las habilidades superiores de aprendizaje, entre otras).

Muchos padres de familia piensan que los videojuegos ayudan a mejorar la mente de sus hijos, pero esto no necesariamente es cierto. Aunque la investigación nos dice que los videojuegos ayudan a desarrollar algunas habilidades cognitivas y espaciales, al parecer los efectos negativos son mucho más fuertes que los positivos. Por ejemplo, los videojuegos no enseñan experiencias, las cuales solamente se aprenden a través de la vida real. Los

adolescentes que juegan videojuegos violentos experimentan cambios físicos, en el ritmo cardiaco, en la respiración (se acelera) y en la temperatura (se eleva). Además, afecta las partes del cerebro que controlan la conducta agresiva, reduciendo las funciones ejecutivas del lóbulo frontal. La mayoría de los padres no supervisan el tiempo que sus hijos pasan frente a la computadora o la TV.

La tecnología ha hecho el trabajo parental mucho más complicado, ya que compite con los valores y rituales familiares de muchos años. La era digital hace difícil supervisar a los niños y los padres tienen poco control para prevenir sus efectos negativos en el desarrollo del niño, como la menor capacidad de concentración y el hecho de que se vuelven adictos a la gratificación inmediata (gracias a la producción de la dopamina).

Los niños que son expuestos más de cuatro horas diarias a la televisión, los videojuegos y la computadora tienen más del doble de problemas de atención que aquellos que pasan menos de dos horas diarias en estas actividades. Hoy los niños son menos activos que antes y tienen un detrimento en su desarrollo. Recordemos que la inteligencia depende del movimiento, de la actividad física y del juego infantil.

En un estudio realizado en un salón de clases, a un grupo se le permitió el uso de laptops durante una exposición y a otro grupo no. El grupo con laptops se distraía más fácilmente con las diversas herramientas digitales, lo cual les afectó en su comprensión, mientras que los que no tenían laptops obtuvieron mayor aprendizaje.

5

Segunda epidemia: hijos v@cíos

"Pienso que mis hijos tienen mucha presión por parte de sus amigos y de la sociedad. Siempre quieren lo mejor, no siguen las reglas y quieren todo fácil. Mi hija de 24 años de edad quiere operar su cuerpo pues no está contenta con él y está obsesionada con ello. Mi hijo mayor tiene tres años con su novia y no vemos ninguna intención de casarse. Ella es una buena chica y vemos con tristeza que está perdiendo el tiempo con él, ya que está muy cómodo en casa."

PADRE DE TRES HIJOS,
de 24, 27 y 30 años de edad

"Mis alumnos son desobedientes, retan a la autoridad, tienen poco interés en los estudios, juegan mucho y pierden interés en su aprendizaje."

MAESTRA DE 5O. AÑO DE PRIMARIA

"Los estudiantes cambian constantemente de carrera profesional porque se aburren o porque encuentran la más mínima dificultad. No tienen un objetivo en su vida, ni saben qué quieren hacer o estudiar."

MAESTRA UNIVERSITARIA

"Los alumnos son apáticos, tienen muchas actividades sin jerarquía y están muy preocupados por encontrar pareja."

Maestro universitario

"Los muchachos toman mucho alcohol. No tienen límites y les damos todo lo que piden. Pienso que el pequeño tiene muchos problemas con las fiestas porque va todas las noches desde el miércoles hasta el sábado. Son irresponsables. Por ejemplo, el año pasado les presté dinero a mis tres hijos y hasta hoy ninguno me ha pagado algo. No son independientes y esperan que les resolvamos todos sus problemas."

Madre de tres hijos,
de 24, 29 y 32 años de edad

"Están expuestos a más tentaciones y los medios siempre les envían muchos mensajes sexuales. Una de mis hijas quedó embarazada antes de casarse, tuvo muchos problemas para aceptarlo y perdió el niño. Además, otra de mis hijas no terminó sus estudios, se casó y ahora se está divorciando."

Madre de tres hijos,
de 22, 24 y 26 años de edad

El doctor Aric Sigman, biólogo e investigador británico y autor del libro *The Spoilt Generation* (*La generación consentida*), afirma que nunca como hoy la sociedad había hecho tanto por los niños y, sin embargo, ellos están sufriendo en formas que jamás hubiéramos esperado.[1] Ahora tenemos altos niveles de depresión infantil, embarazos tempranos, homicidios entre niños, obesidad, fracaso

---

[1] Aric Sigman, *The Spoilt Generation: Why Restoring Authority Will Make Our Children and Society Happier*, Piatkus, Londres, 2009.

escolar, conductas violentas y agresivas y alto consumo de alcohol desde la niñez, como nunca antes. Cada día parece aumentar el número de niños insatisfechos de su cuerpo, de su familia, sus posesiones, sus amigos y su escuela. En otras palabras, viven con poca satisfacción de su vida. Quizá el objetivo más importante de los padres es lograr que sus hijos sean felices; sin embargo, desafortunadamente estudios como el de Fay indican que nuestros niños están más deprimidos y tristes que nunca.[2]

GENERACIÓN INFLADA Y NARCISISTA

Una de las razones más importantes de esta desdicha de los niños es que los adultos, en su mayoría los padres, los "inflamos", es decir, les hacemos creer que son superiores a los demás. Producimos una **generación engreída**. Esta perspectiva de inflar a los niños es el peor veneno para la motivación, el deseo, la compasión, la generosidad y el respeto. Es la manera más eficaz de destruir la mejor oportunidad para que ellos logren la felicidad. Muchos padres ponen su mejor esfuerzo en "inflar" la autoestima de sus hijos. Les hacen creer que son mejores que los demás mediante elogios y cumplidos por logros muy poco significativos. Pero una alta autoestima basada en el ego inflado no produce mejores calificaciones o mejor desempeño en la vida; ni previene que roben, sean deshonestos, o consuman drogas. Aún más, los niños con una autoestima alta y falsa realizan acciones peligrosas que están más allá de su edad. Debemos olvidarnos de desarrollar esta autoestima alta y falsa y centrarnos en la autodisciplina y el autocontrol.

Con un ego distorsionado (inflado) o dañado creamos una personalidad narcisista, engreída. Muchos padres evitan criticar a sus hijos por el miedo a lastimar su autoestima. No necesitamos desarrollar en nuestros hijos una autoestima alta, sino una autoestima sana.[3]

El doctor Roy Baumeister afirma que los adolescentes con una alta autoestima (inflada) presentan mayor riesgo de tener relaciones sexuales tempranamente, ya que las consideran apropiadas. Inflarlos o darles una autoestima alta pero no ganada con esfuerzo

[2] Jim Fay, *From Innocence to Entitlement: A Love and Logic Cure for the Tragedy of Entitlement*, Love and Logic Institute, Denver, Colorado, 2005.

[3] Roy F. Baumeister, "The Lowdown on High Self Esteem" *Los Angeles Times*, 25 de enero de 2005.

y logros propios genera hijos con mayor impulsividad, pobre auto-control, y propensos a realizar actividades de peligro.[4]

Es muy importante educar a nuestros hijos desde temprana edad a vivir en sociedad. Por ello, es fundamental trasmitirles valores. Es esencial que aprendan a ponerse en el lugar del otro. La empatía es la mejor manera de evitar la violencia y prevenir la agresividad. Debemos educarlos en sus derechos y obligaciones, ejerciendo el control y diciendo "**no**" cuando sea necesario.

Según el Centro de Investigación Social de Estados Unidos, a partir de las décadas de 1980 y 1990 las personas presentan menor capacidad de empatía. La doctora Sara Konrath afirma que la causa más importante de ello es que ahora existe menos interacción cara a cara, pues la comunicación suele darse a través de medios como el Facebook.[5]

Como hemos dicho, esta generación tiene una personalidad narcisista, basada en un patrón de grandiosidad. Así, las personas necesitan ser admiradas, sin dar nada a cambio y con carencia de empatía. Estas personas presentan al menos cinco de las siguientes conductas:

- Tienen un sentido de grandiosidad y exageran su talento y logros.
- Se centran en fantasías de éxito, poder y belleza.
- Creen que son especiales o únicas (y que los únicos que pueden entenderlos son otros "únicos").
- Requieren admiración excesiva.
- Buscan ser famosos y tener prestigio.
- Se sienten superiores a los demás y abusan de sus ventajas (muchos de ellos son *bullies*).
- Carecen de empatía: no reconocen las necesidades del otro.
- Envidian a los demás.
- Se muestran arrogantes.

[4] Roy F. Baumeister, *Willpower: Rediscovering the Greatest Human Strength*, Penguin Group, Nueva York, 2011.

[5] Sara Konrath, *Expensive Egos: Narcissistic Males Have Higher Cortisol*, PLOS ONE **7(1):** e30858.dei: 10.1371/Journal.Pone. 0030858.

En la sección "Acerca de mí" (About Me) en el Facebook, los narcicistas tienden a inflarse ellos mismos. La doctora Twenge, profesora de Psicología de la Universidad de San Diego y coautora del libro *The Narcissism Epidemic* (La epidemia narcisista),[6] afirma que esta epidemia destruirá a nuestra sociedad creando una fantasía de grandiosidad falsa y destructiva. Podemos mencionar alguna de las causas de esta explosión narcisista: la permisividad de los padres, una "civilización de espectáculo",[7] Internet. La doctora Twenge afirma que 60 % de los universitarios usa las redes sociales para su ensalzamiento, narcisismo y búsqueda de atención.

Twenge menciona algunos de los síntomas relacionados con la tecnología que pueden presentar las personalidades narcisistas:

○ cada día pasan más tiempo en Internet;
○ se comunican, la mayor parte del tiempo, mediante modalidades electrónicas: mensajes por celular o redes sociales;
○ juegan más videojuegos;
○ escuchan música casi todo el tiempo;
○ pasan la mayoría del tiempo revisando mensajes por celular y actualizando su Facebook, y
○ sus tareas académicas las realizan en *multitasking*.

[6] J. M. Twenge y Wik Campbell, *The Narcissism Epidemic: Living in the Age of Entitlement*, Free Press, Nueva York, 2009.

[7] Mario Vargas Llosa, "La civilización del espectáculo", *Letras libres*, febrero de 2009.

La Academia Americana de Pediatría en el año 2011 menciona una nueva patología: "Depresión por Facebook", definida como una patología emocional causada, mayoritariamente en adolescentes, por estar conectados en redes sociales como el Facebook durante más de cuatro horas diarias. Cuando los individuos interactúan mucho tiempo con otras personas usando la tecnología en vez de hacerlo cara a cara, ven alterado su estado emocional y su capacidad de empatía.[8]

GENERACIÓN SIN UN SENTIDO DE VIDA

Nuestra vida está llena de intenciones:

- ¿Por qué me levanto temprano?
- ¿Por qué desayuno en forma saludable?
- ¿Por qué llego temprano a la escuela?
- ¿Por qué pongo atención y tomo notas de las clases?
- ¿Por qué dedico el tiempo suficiente a hacer mis tareas y a estudiar?
- ¿Por qué veo televisión?
- ¿Por qué visito a mis abuelos?
- ¿Por qué me lavo los dientes?
- ¿Por qué me duermo temprano?

Cada una de nuestras acciones deben tener una intencionalidad desde la niñez: me lavo los dientes para evitar caries y tener una buena higiene bucal, llego temprano a la escuela para aprender bien y tener el hábito de la puntualidad y responsabilidad, tengo un horario para ver TV a fin de tener una buena administración del tiempo libre y evitar pereza y sobrepeso... Gracias a esta intencionalidad, nuestras acciones tienen un sentido y gracias a ello deseamos hacer cosas para lograr metas a corto y, en especial, a mediano y largo plazos. La intencionalidad tiene un sentido de trascendencia, es de-

[8] Gween Schurgin O'Keeffe, *The Impact of Social Media on Children, Adolescents, and Families*, Pediatrics (AAP), **127(4)**: 800-804, 2011.

cir, no da un sentido para el hoy, sino para el mañana. Desafortunadamente, nuestros hijos viven una intencionalidad inmediata y no saben esperar. Quieren satisfacer todos sus impulsos y caprichos en forma inmediata: "No quiero lavarme los dientes porque estoy jugando; no quiero llegar temprano a la escuela porque no me gusta; o quiero ver todo el día televisión porque me divierte." Han aprendido desde pequeños que la intención y el sentido de la vida es obedecer a sus impulsos, en vez de controlarlos.

Pero ellos deben aprender a responder a cada una de las siguientes preguntas:

○ ¿Qué hago?
○ ¿Qué sé hacer?
○ ¿Qué hago bien?
○ ¿Qué no sé hacer?
○ ¿Qué hago mal?
○ ¿Qué me gusta hacer?
○ ¿Qué debo hacer?
○ ¿Qué no me gusta hacer?
○ ¿Qué me gustaría hacer?
○ ¿Por qué lo hago?
○ ¿Para qué lo hago?

Al responder a estas cuestiones, encontrarán que realizan muchas cosas, que saben lo que no saben o lo que no les gusta hacer, pero por lo general ignoran lo que saben hacer y principalmente por qué lo hacen. De ahí el alto índice de baja autoestima y depresión en jóvenes. Se sienten no capaces y carecen de motivaciones para la vida.

Generación vacía de habilidades y de propósitos.

6

Tercera epidemia: @dicciones

"Cuando era un muchacho adolescente tuve tentaciones, como beber alcohol, fumar tabaco y tener relaciones sexuales, pero gracias a la disciplina y consejo de mis padres supe controlarme y no meterme en problemas para no tener problemas con ellos.

Hoy mis hijos se enfrentan a estas tentaciones desde muy temprana edad. No sé qué hacen en la computadora, pues cuando me acerco a ellos cambian de página. Creo que están viendo pornografía, pero no estoy seguro. Además, están muy presionados por la competencia de pertenecer a un círculo social.

Hoy los papás quieren resolver la vida de sus hijos y no los dejan generar su propia experiencia basada en sus propias decisiones, ni asumir la responsabilidad de sus decisiones. Además, piden muchas cosas que están de moda en ese momento (como ropa, viajes, conciertos y equipo electrónico) y sienten que es nuestra obligación dárselos, porque de lo contrario serán excluidos de su grupo."

PADRE DE CUATRO HIJOS,
de 13, 16, 19 y 21 años de edad.

ADICTOS A LA TECNOLOGÍA

Algunos hechos significativos nos muestran las consecuencias negativas de los juegos electrónicos. En Corea del Sur se han presentado casos de jóvenes que tienen una **obsesión por Internet**, la cual ha puesto en peligro su vida. El 90 % de los hogares coreanos tienen Internet de máxima velocidad y 30 % de los coreanos menores de 18 años de edad tienen riesgo de ser adictos a Internet.[1] El doctor Jerald J. Block, psiquiatra de la Universidad de Ciencia y Salud de Oregon, en Estados Unidos, estima que 9 millones de estadounidenses han caído en lo que él llama **uso patológico de la computadora.**[2]

Los siguientes son algunos indicadores de una conducta adictiva hacia Internet:

○ Fatiga y cansancio asociado al uso de Internet durante la noche y madrugada. Muchos adolescentes esperan que sus padres se duerman para regresar a la computadora o al videojuego. Frecuentemente esta conducta se asocia al consumo de bebidas con cafeína.
○ Ansiedad con la tecnología. La persona presenta estrés cuando no tiene acceso a ella.
○ Bajo rendimiento escolar. La persona baja sus calificaciones debido al cansancio y preocupación provocada por acceder a Internet.
○ Abandono de otras actividades. El individuo disminuye su participación en actividades recreativas y familiares, como leer, realizar ejercicio físico, asistir a reuniones familiares, etc. La Internet se convierte en la actividad recreativa más importante y en el único medio para mejorar el estado emocional.
○ Enojo frente a todo límite relacionado con la tecnología.

[1] Press TV: Internet Addiction Poses a Serius Challenge to S. Korea: Survey (junio de 2012), < www.presstv.ir > .

[2] Jerald Block, *Pathological Computer Game use*, *Psychiatric Times*, **24(3)**, marzo de 2007.

Son signos de alarma si el niño:

1. Pasa la mayoría del tiempo frente a una computadora o videojuego durante las horas que no son de escuela.
2. Se duerme en la escuela.
3. No cumple con sus responsabilidades.

En muchos casos el empleo de Internet constituye una adicción, ya que la persona utiliza esta vía como escape, tal como ocurre con el alcohol. La patología en su uso puede ser generalizada o específica. La patología específica es la fijación particular en un aspecto del uso de Internet (por ejemplo, para ver pornografía o hacer apuestas). El uso patológico generalizado es la dependencia obsesiva general a Internet (e-mail, páginas Web, Facebook, etc.). El uso de Internet permite escapar de las frustraciones de la vida real.

ADICTOS A LA PORNOGRAFÍA

La sexualidad y la pornografía han tomado un nuevo nivel hoy día. En el pasado era muy difícil tener acceso a la pornografía; solamente algunos cines tenían este tipo de cintas y sólo en horario de medianoche; únicamente en algunas revisterías se podía comprar la revista *Playboy*. En cambio, ahora es posible tener acceso a ella en cualquier lugar y momento, a través del acceso a Internet. Los muchachos de antes escondíamos la revista *Playboy* debajo del colchón para que nadie la viera; ahora, en la computadora de su recámara cualquiera tiene acceso sin restricciones a sitios Web con contenido erótico ilimitado. Antes, el nivel de exposición era la desnudez; ahora la llamada *hardcore sex* (pornografía dura) incluye sadismo, masoquismo y sexualidad con animales e incluso con muertos. Antes la pornografía era material de consumo para adolescentes y varones, principalmente; ahora tienen acceso a ella los niños de 10 años de edad, y las niñas empiezan a consumir pornografía tanto como los varones.

Ahora el término "textear" (escribir mensajes de texto en un teléfono celular) tiene otra modalidad: "sextear". El término *sexting* se define como el envío y la recepción de mensajes con contenido sexual explícito: fotografías o imágenes a través de celular, computadora u otra herramienta digital.

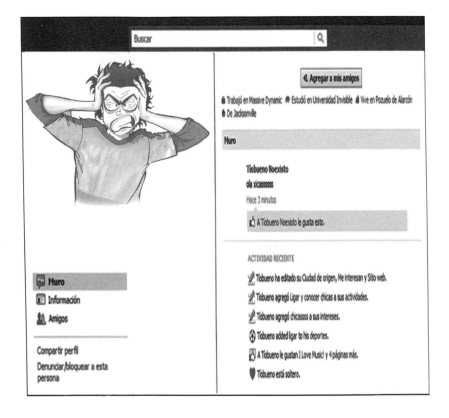

De acuerdo con Parry Afteb, 44% de los muchachos de preparatoria han visto una imagen pornográfica que algún compañero ha puesto en su celular con el objetivo de ganar popularidad.[3] Cada año son más las muchachas envueltas en problemas de sexting debido a los chantajes de sus novios o amigos, quienes las amenazan con enviar estas fotografías comprometedoras a sus familiares, compañeros, maestros y amigos.

En un estudio realizado por la revista *Newsweek* en 2011 se encontró que 85% de los estadounidenses están preocupados por la gran facilidad de acceso a pornografía que tienen los niños y adolescentes a través de Internet; y 80% de los padres de adolescentes afirman que sus hijos son expuestos a escenas eróticas en la computadora, al menos una vez al mes. Una de las mayores preocupaciones de los padres de familia es que sus hijos estén expuestos a materiales con contenido sexual a una edad muy temprana.[4]

---

[3] Parry Afteb, *White Paper. Thinking Outside The Porn box* < www.wiredsafty.org >.

[4] Chris Lee, "The Sex Addiction Epidemic", *Newsweek Magazine*, noviembre 25 de 2011.

7

Cuarta epidemia: inútiles y viviendo en la @bundancia

Hace algunos meses, un director general de recursos humanos de una empresa muy importante a nivel mundial nos comentaba que está desilusionado con esta nueva generación de profesionales: "Cuando los entrevisto y les pregunto *¿Qué saben hacer?*, me contestan: *Estudié tal carrera, estudié en el extranjero un año, sé un idioma extranjero, tuve experiencia en otra empresa*, pero ignoran lo que saben hacer y más lo que saben hacer bien."

Es una generación que ha tenido muchas experiencias en su vida, más que nosotros, pero que no saben hacer cosas.

En otras palabras, son incompetentes para la vida real.

No es lo mismo "¿Qué haces?"
a
"¿Qué sabes hacer?"

¿Qué les sucede a nuestros hijos? Observamos constantemente que los niños no pueden realizar tareas simples en la casa sin la previa insistencia de sus padres o incluso sin que éstos les rueguen:

1. En cualquier día típico, el padre pide a su hijo de ocho años de edad que se bañe antes de ir a la cama. El niño no hace caso y el padre insiste seis o siete veces. Después de la séptima vez, el papá lo toma del brazo y lo mete a la regadera. Y, al terminar, el niño se pone a jugar un videojuego.
2. Una niña de siete años de edad se sienta a cenar y, al observar que no tiene cubiertos para comer, demanda: "¿Cómo creen que voy a comer? ¿Con las manos?" Aunque ella sabe perfectamente el lugar donde se encuentran los cubiertos, su padre se levanta para dárselos.
3. Es hora de salir a la calle y se pide a un niño de nueve años de edad que se ponga los tenis para salir. Como las agujetas están amarradas, le grita a su padre: "¡Desamárramelas!" Su padre le contesta suavemente que lo haga él, pero el pequeño no lo quiere hacer y, luego de discutir, el padre lo hace. Después, el niño le exige que le abroche sus tenis.
4. Después de cuatro años de graduado de la universidad, un profesionista regresa nuevamente a la casa de sus padres. Se establece en su recámara, pero ahora está desempleado; se acuesta tarde por estar viendo televisión o por salir con sus amigos. Todos los días se levanta al mediodía y no tiene ningún interés por hacer una vida productiva en lo profesional o emocional. No quiere tener ningún compromiso familiar. Espera mucho de sus padres, pero no da nada a cambio.

Estamos criando una generación inútil y con grandes carencias para enfrentar con éxito un mundo cada vez más competitivo y difícil. Sociólogos del Boston College, en Estados Unidos, comentan que los estudiantes de primer ingreso están poco conscientes del esfuerzo y sacrificio que necesitan para tener éxito en la universidad y en la vida.[1]

La doctora Carolina Izquierdo, antropóloga por la Universidad de California, en Los Ángeles, analizó el comportamiento social y familiar de varias tribus amazónicas de Perú. Encontró que, a edades muy tempranas, los niños se involucran en la vida productiva de sus familias, siendo útiles. Desde los tres años de edad, los

---

[1] Roldens Paulynice, *What Causes Many College Students to Fail or Dropout*, Hub Pages, octubre de 2011.

pequeños cortan leña y usan machetes y cuchillos. A los seis y siete años de edad acompañan a sus padres a cazar o pescar y las niñas aprenden a cocinar. Como consecuencia, al alcanzar la adolescencia los niños amazónicos dominan las habilidades necesarias para sobrevivir. Estas habilidades los hacen competentes e independientes.[2]

La educación familiar del mundo occidental corre en dirección opuesta. No solemos esperar que nuestros adolescentes puedan valerse por sí mismos. Los padres preferimos hacer muchas de las cosas por ellos y no les exigimos que se hagan cargo de sus responsabilidades en forma independiente. Tenemos muy bajas expectativas de sus capacidades. Ante un mundo cada vez más competitivo y exigente, sólo les pedimos a nuestros hijos que se preparen en lo académico y no les exigimos que realicen obligaciones domésticas, como cocinar o limpiar.

> No preparemos el camino a nuestros hijos: preparemos a nuestros hijos para el camino.

DÉFICIT DE SABER Y HACER

En su libro *Grown up Digital* (Creciendo en la era digital), Don Tapscott afirma que la nueva generación Net carecerá de elementos cognitivos esenciales para adquirir el conocimiento, debido a los problemas que ya hemos descrito:[3] son adictos a la pantalla (celular, computadora, videojuego y televisión), tienen una pobre concentración y focalización, no leen y tienen una escasa interacción cara a cara, así como deficiente comunicación.

[2] Carolina Izquierdo, *Responsability in Childhood: Three Developmental Trajectories*, marzo de 2009. < www.gse.uci.edu/docs/ochs_Izquierdo_Responsability_in_Childhood. pdf > .

[3] Don Tapscott, *Grown up Digital: How the Net Generation is Changing Your World*, McGraw-Hill, Nueva York, 2008.

El doctor Mark Bauerlein, autor del libro *The Dumbest Genera-tion* (La generación más tonta),[4] afirma que los niños de ahora son más torpes e ignorantes que los de hace 20 años: no conocen las cuestiones elementales de historia o civismo; además, no leen libros ni periódicos. La época digital ha hecho de la lectura algo aburrido, mientras la computadora, la televisión, el celular y los videojuegos son lo divertido. Por ello, a los niños y jóvenes de hoy les cuesta más trabajo leer, ya que no es una actividad que hayan ejercitado desde pequeños. Se trata de una generación de "librofóbicos" (odian la lectura). Nuestros estudiantes tienen una aversión a los libros, de modo que leen menos de un libro por año.

Nos enfrentamos a una generación de "déficit de saber". La tercera parte de la vida de los niños y adolescentes gira alrededor de la TV, los videojuegos, Internet y los teléfonos celulares, donde adquieren información local y artificial. La otra tercera parte de su vida duermen y la tercera parte restante la emplean en actividades como comer, trasladarse y estar en la escuela.

Vivimos la cultura "de segunda": todos merecemos una segunda oportunidad (segundo maestro, segunda escuela, segundo terapeuta, segunda carrera profesional, segunda esposa, segundos hijos y segundo trabajo).

Es común escuchar a los maestros quejarse: "Mis alumnos no leen ni hacen la tarea. Enseño el contenido de la clase, pero si no leen sus libros de texto, inevitablemente saldrán mal en los exá-menes". Las nuevas tendencias educativas de los últimos 20 años han centrado sus esfuerzos pedagógicos en impulsar la enseñan-za de las matemáticas y las ciencias naturales, pero la lectura se ha rezagado a un segundo lugar en las prioridades del constructivis-mo y de la escuela nueva. Un problema serio es que no enseñamos a leer en las escuelas.

A finales de las décadas de 1970 y 1980 fui maestro de español y hábitos de estudio a nivel secundaria y preparatoria. Mis alumnos

---

[4] Mark Bauerlein, *The Dumbest Generation: How the Digital Age Stupefies Young Ameri-cans and Jeopardizes Our Future*, Jeremy P. Tarcher/Penguin, Nueva York, 2008.

leyeron libros de Julio Verne, Edgar Alan Poe, Horacio Quiroga y Stephen King, entre otros. Mis alumnos de secundaria y preparatoria leían un promedio de 10 libros por año o semestre, respectivamente. Hoy lo que leen más es Facebook, Messenger, Twitter o textos por celular.

Aprender a leer no es una adquisición natural como el habla, ya que se aprende a través de la instrucción directa y no solamente de la exposición. Para aprender a leer se necesitan dos capacidades: decodificación y comprensión verbal. La *comprensión* es el diccionario interno que se utiliza para dar significado a la lectura. La comprensión lectora se adquiere a través de la exposición a ambientes ricos de lenguaje desde el nacimiento. Pero la *decodificación* es la capacidad de descifrar las letras, sílabas y palabras en sus códigos fonéticos para relacionarlos con el lenguaje oral.

La decodificación no se adquiere en forma natural o por la simple exposición, sino que requiere una enseñanza directa y explícita del maestro. Leer no es como escuchar, en el lenguaje oral. Si deseamos que un niño hable bien, la mejor forma es enfrentarlo a ambientes orales para que escuche, comprenda, pronuncie y hable en forma natural. El aprendizaje de la lectura y la escritura no ocurre en forma natural como sucede en el lenguaje oral. Para aprender a leer y escribir se necesitan miles de horas de instrucción directa, repetición y práctica. La decodificación debe ser automatizada para dejar libre al cerebro de su función y para centrarse en la comprensión del texto y de su creación. Muchos alumnos de secundaria, preparatoria y aun de universidad no tienen esta mecanización, lo cual los limita y los hace invertir más tiempo y esfuerzo, además de que obtienen poca comprensión en sus tareas lectoras. La generación actual no quiere leer *porque no sabe leer*, y para adquirir una buena comprensión lectora necesitamos tener conocimiento acerca de la información del texto. Como afirma Hirsch, la construcción mental de la información o imaginación es la clave para tener una buena comprensión lectora.[5]

Los estudiantes de hoy parecen estar hechos de teflón, porque nada se les queda pegado. Los estudiantes de antes nos sumergíamos en el mar del conocimiento. "Buceábamos" en la profundidad del mar para conocer su fondo. Hoy los muchachos no bucean para

---

[5] E. D. Hirsch, *The Knowledge Deficit: Closing the Shocking Education Gap for American Children*, Houghton Mifflin Harcourt, Nueva York, 2007.

conocer su fondo: parecen esnorquelistas que nadan por la superficie, con más velocidad y extensión, pero sin adentrarse jamás a la profundidad. Antes profundizábamos, pero no podíamos navegar tan rápido en todo el conocimiento. Hoy pueden practicar *skimming*, es decir revisar por la superficie, a través de Internet, una gran cantidad de conocimiento, pero solamente por encima. Les gusta ver contenidos diversos, versátiles, breves y, sobre todo, divertidos. Hoy conocemos dos formas de leer: la primera virtual, extensa y superficial, cuyo objetivo es buscar e identificar elementos básicos de la información; la segunda es la tradicional, profunda y única, cuyo objetivo consiste en comprender y con poca extensión del conocimiento.

AHORRAR: EL PRIMER PASO HACIA LA COMPETENCIA

En las décadas de 1950 y 1960 los padres enseñaban a sus hijos la importancia del ahorro. Los niños tenían alcancías de cochinitos y pequeñas cajas fuertes con combinación que los bancos les entregaban, ya que la actitud del ahorro se consideraba como un valor esencial en la sociedad de esa época. Además, los bancos daban a sus clientes una tarjeta de ahorro que se introducía en una máquina de escribir para anotar las diferentes cantidades que se ahorraban en el banco. En esos tiempos, los padres enseñaban a

sus hijos a vivir con poco y a cuidar y guardar el resto para tener un mejor futuro. Los niños tenían pocos juguetes y poca ropa, pues heredaban la ropa de sus hermanos mayores (llamados "gallitos").

A mí me tocó vivir esa época. Recuerdo cuando íbamos a Estados Unidos de vacaciones (por cierto, solamente dos veces al año). Mi madre me entregaba un dólar para que comprara lo que quisiera y, por supuesto, lo gastaba un día antes de regresar a México, después de varios días para decidir qué comprar. Cuando llegaba a nuestra casa el "Niño Dios" (hoy quien llega es Santa Claus) el 25 de diciembre, todos recibíamos un regalo pequeño y un regalo grande (como una bicicleta), pero ésta era para todos los hermanos, de modo que debíamos compartirla. En aquel entonces no existía la presión por *tener* y menos aún por tener cosas "de marca".

"¿Cuál crisis? Si siempre hemos vivido en crisis."

(Padres nacidos entre 1945 y 1970.)

Quienes pertenecemos a la generación de los Baby Boomers[6] (nacidos entre 1950 y 1970) vivimos una gran cantidad de carencias y crecimos con el valor del ahorro. Por ello, siempre hemos vivido en crisis, ya que con poco nos conformamos y somos felices. En cambio, la generación del milenio (nuestros hijos), nacidos después de 1985, ha crecido en la abundancia (de ropa, juguetes, comodidades, dinero, vacaciones y automóviles último modelo). Los Boomers, ahora que son padres, no quieren que sus hijos sufran lo que ellos vivieron: "Lo que yo nunca tuve que lo tengan mis hijos" o "Las carencias que yo tuve que no las tengan mis hijos".

Según escribe J. E. Arnold en su libro *Life at Home in the Twenty-First Century* (Vida en casa en el siglo xxi),[7] los niños de nivel

---

[6] Véase Jesús Amaya y Evelyn Prado, *Los hijos tiranos llegan a las empresas*, Trillas, México, 2008.
[7] Jeanne E. Arnold, Anthony Graesch, Elinor Ochs y Enzo Ragazzini, *Life at Home in the Twenty-First Century; 32 Families Open their Doors*, Cotsen Institute of Archaeology, Los Ángeles, 2012.

preescolar de hoy son dueños de 30 % de las posesiones del hogar. Las habitaciones de muchos niños de esa edad están colmadas de juguetes, ropa y trofeos y son el centro de la atención de sus padres.

Sabemos que en la actualidad nuestro país y el mundo entero viven una crisis financiera sumamente crítica: carencia de nuevos empleos, cierre de empresas, y pérdida de trabajos. Las familias se ven y verán en la necesidad de hacer ajustes económicos en sus hogares. Pero tales ajustes económicos no sólo serán a nivel general, sino que el impacto se reflejará en los bienes y privilegios de los hijos, quienes deben aprender a vivir y sobrevivir en un mundo donde habrá poco crecimiento económico, al menos en los próximos tres años. Será un proceso muy difícil, ya que por años estuvieron acostumbrados a vivir sin valorar el ahorro y sin carencias.

El derroche hace a los hijos insaciables, carentes de creatividad, insatisfechos permanentes, poco flexibles y apáticos.

Exceso + despilfarro = hijos inútiles e inmaduros

Ahora más que nunca necesitamos formar hijos que puedan enfrentar este mundo mediante el esfuerzo y a través del trabajo duro y del ahorro. Ahora deberán ser capaces de hacer sacrificios y vivir con lo básico y necesario.

VIVEN EN LA ABUNDANCIA, PERO ESTÁN VACÍOS

El sociólogo alemán Norbert Elias, en su libro *El proceso de la civilización*,[8] afirma que el error más grande cometido por los padres de familia en el último cuarto del siglo xx fue haber per-

[8] Norbert Elias, *El proceso de la civilización: investigaciones sociogenéticas y psicogenéticas*. Traducción de Ramón García C., Fondo de Cultura Económica, México, 1987.

dido la autoridad sobre los hijos. Más que nunca, los padres están desorientados en su función paterna. Tienen miedo a que sus hijos:

○ No los amen si no les dan lo que les piden.
○ Sean rechazados por sus amigos y compañeros de escuela si no tienen lo mismo que ellos.
○ Pierdan su autoestima.

Lo que piden no es lo mismo que lo que necesitan.

Los padres de hoy invierten mucha energía en satisfacer hasta el mínimo capricho de sus hijos. Pocos se resisten a la tentación de comprarles los últimos zapatos tenis de marca o el último videojuego de moda.

Los padres de hoy les damos demasiado a nuestros hijos, muy pronto y por mucho tiempo.

Los padres cometen un error al dar a los hijos demasiados juguetes y ropa. En la temporada de Navidad, por ejemplo, los niños reciben regalos de sus abuelitos, tíos, Santa Claus, el Niño Dios y los Reyes Magos. Para el 6 de enero tienen tantos juguetes que incluso los tiran, ya que se aburren de ellos en cuestión de minutos. Les damos muy pronto: incluso hay padres que regalan a sus hijos un carro último modelo como premio por terminar su secundaria, o les permiten tomar alcohol antes de que cumplan los 18 años de edad. Sin embargo, un muchacho de 16 o 17 años de edad no está preparado para asumir tal responsabilidad. La libertad y los privi-

legios se ganan demostrando conductas responsables y obtenien-
do logros significativos.

Un último error de los padres es mantener a sus hijos por mucho tiempo. En nuestro libro *Los hijos tiranos llegan a las empresas*[9]
afirmamos que el periodo de la adolescencia se prolonga un promedio de 15 años. En otras palabras, tendremos hijos adolescentes
hasta los 30 años de edad, ya que los padres los siguen manteniendo
a pesar de que ya están graduados de una carrera, están trabajando
o incluso ya son casados. Es común ver a muchos padres de familia
pagar la tarjeta de crédito a sus hijas casadas, comprar o regalar
una casa a su hijo que tiene a su primogénito, pagar las vacaciones
de sus hijos, nueras y nietos, o incluso darles semana tras semana
una cantidad de dinero, como si fuera su responsabilidad mantener
financieramente a los hijos adultos en forma permanente.

Los siguientes puntos son indicadores de que estamos dando
demasiado a nuestros hijos:

- ○ Los padres hacen por sus hijos lo que ellos podrían hacer por sí solos.
- ○ Los hijos no ayudan en casa.
- ○ Los hijos tienen toda la ropa y juguetes que quieren.
- ○ Tienen muchos privilegios y permisos y mucha libertad.
- ○ Pueden opinar en asuntos que sólo los adultos deben decidir.
- ○ Reciben mucha atención.
- ○ Tienen reglas, pero no las siguen.
- ○ Su vida está totalmente organizada con actividades como deportes, campamentos, clases de música o arte.
- ○ Los entretienen todo el tiempo.
- ○ El consumo de alcohol es tolerado antes de que cumplan 18 años de edad.

Hemos asistido a fiestas de cumpleaños infantiles que tienen la magnitud de una boda. Parece haber una competencia

[9] Jesús Amaya y Evelyn Prado, *op. cit.*

entre las mamás, para ver quién es la que da más. Ellas a veces pierden el objetivo (que es celebrar una día tan especial para el hijo en compañía de sus familiares y amigos, en un ambiente de diversión y esparcimiento) y se enfocan en ver quién lleva el *show* más caro o quién entrega los mejores premios para los invitados. Antes, entregar en una fiesta infantil una bolsita de dulces era más que suficiente; ahora se entregan juguetes, e incluso *kits* de maquillaje para las niñas. Además, ahora muchas madres llevan a cuidadoras para que les ayuden a atender a sus hijos y son estas personas quienes los observan, los cuidan, les dan de comer o juegan con ellos, mientras las mamás conversan con sus amigas.

Cuando una persona obtiene privilegios abundantes sin merecerlos, obtiene mucho poder sobre los demás y siente que merece todo, e incluso se cree con el derecho de menospreciar y humillar a las personas que tengan un poco menos.

Con demasiados privilegios no aprenden a diferenciar entre lo que quieren y lo que necesitan.

En un ambiente donde los niños reciben demasiado no son capaces de diferenciar entre un simple capricho y una necesidad real. Los objetos que dan prestigio social se convierten en necesidades prioritarias, así como los bienes secundarios o superficiales (por ejemplo, tener una camiseta Ed Hardy o tener todas las consolas de videojuegos como el Wii, PlaySation 3 y la Xbox 360 en la casa). Si los padres proporcionan demasiados privilegios a sus hijos no aprenderán a diferenciar entre un simple capricho y una necesidad real.

Tener dinero no tiene nada de malo; aún más, es importante tener como objetivo conseguir (además de un bienestar físico, emocional, corporal y espiritual) un bienestar económico. El cuadro de la siguiente página nos ilustra los pros y los posibles contras de tener en abundancia.

El problema no es tener dinero, sino que su posesión no vaya acompañada de la práctica de los valores humanos.

Efectos de tener en abundancia	
Positivos	*Negativos*
Seguridad financiera	Carencia de motivación para el trabajo
Libertad para aprender y explorar	Apatía y flojera
Facilidad para hacer cosas personales	Sobresaturación de actividades (pocas personales)
Valor del tener	Valor del tener pero sin valorización
Oportunidades filantrópicas	Avaricia
Apertura y tolerancia	Arrogancia y desprecio

LLENOS DE LO QUE QUIEREN, PERO VACÍOS DE LO QUE NECESITAN

Muchos padres piensan que evitar carencias a sus hijos es su principal misión, pero no sólo les evitan carencias sino también los llenan de cosas que no necesitan:

- ○ De juguetes, pero necesitan responsabilidad.
- ○ De dinero, pero necesitan consecuencias.
- ○ De videojuegos, pero necesitan tener tolerancia a la frustración.
- ○ De Internet, pero necesitan tener interacciones sociales significativas.
- ○ De "felicidad", pero necesitan desarrollar capacidades propias.

○ De "éxitos", pero necesitan tener logros propios.
○ De privilegios, pero necesitan tener perseverancia y esfuerzo personal.

La investigadora Jo Ann Oravec, de la Universidad de Wisconsin, afirma que los niños que viven rodeados de materialismo y abundancia, sin valores que regulen el tener en exceso, tienen problemas de adaptación y emocionales (como depresión, ansiedad y adicciones). Los niños se aburren de lo material porque poseen cosas que sacian gustos o caprichos momentáneos, pero en realidad sus necesidades verdaderas no son satisfechas.[10]

GENERACIÓN DESADAPTADA

Los padres de familia que tuvieron su infancia hace un poco más de 30 años aprendieron a adaptarse y a ceder ante la voluntad de los adultos. En nuestro libro *Padres obedientes e hijos tiranos*,[11] la definimos como una generación obediente, ya que fuimos sumisos a nuestros padres y ahora somos sumisos frente a nuestros hijos. Asimismo, somos una generación flexible que aprendimos a adaptarnos a las exigencias del medio y de los adultos: al nacer tuvimos que acoplarnos a las reglas de nuestros padres; al llegar a la escuela debimos aceptar incondicionalmente sus exigencias académicas, y al introducirnos al campo profesional tuvimos que ajustarnos a las políticas de la empresa. No sólo somos una generación obediente, sino que además aprendimos a desarrollar nuestra capacidad de adaptación. En estos momentos de crisis se requiere una gran capacidad de flexibilidad para adaptarnos a los nuevos desafíos y problemas económicos que se presentan. Sin embargo, nuestros hijos tendrán una gran dificultad no sólo para aceptar esta crisis, sino también para buscar formas creativas para salir adelante. Es una generación desadaptada. Y son la familia y el mundo los que se han adaptado a ellos.

[10] Jo Ann Oravec, *Organizational Learning in STEM Education Context 2012*, ASQ Advancing The STEM in Education, sesión 4-4 (2011).
[11] Jesús Amaya y Evelyn Prado, *Padres obedientes e hijos tiranos. Una generación preocupada por ser amigos y que olvidan ser padres*, Trillas, México, 2003.

Piensan que el dinero les da el derecho a tener mayor libertad.

Los padres queremos lo mejor para nuestros hijos. Pero creemos –equivocadamente– que lo mejor es suavizar su camino, en vez de prepararlos para transitarlo. Por ejemplo, aunque los niños pueden aprender a controlar sus esfínteres a partir del año y medio de edad, los padres de hoy postergan su entrenamiento para ir al baño hasta los dos y tres años de edad, ya que el niño de año y medio "no quiere" aprender. Como los padres dejan este entrenamiento para después, es común observar que los niños de tres años de edad no saben ir al baño. La escuela se ha adaptado a esta generación al ser más flexible en sus reglamentos y consecuencias; de este modo, abundan las segundas oportunidades. Pero si la escuela aplica su reglamento a los estudiantes, los padres deciden cambiarlos a otra escuela que se adecue a sus hijos.

Incluso las empresas han empezado a adaptarse a esta nueva generación de profesionales.[12] Por ejemplo, en algunas de ellas ya institucionalizaron que los viernes no se aplique el código de vestimenta, permitiendo a los empleados ir como ellos quieran (incluso algunos van ¡en pijama!).

Nuestros hijos no saben lo que es ceder para adaptarse a nuevos contextos, ya que los adultos nos hemos dedicado a resolverles todos sus problemas.

Cuando el niño percibe que tiene una casa muy grande y mejor que otras o que tiene más juguetes y privilegios que sus amigos, desarrolla un sentido de superioridad y conformismo que bloquea su motivación y esfuerzo. Los niños que están rodeados de comodidades y a quienes no dejamos hacer cosas que pueden hacer crecen sintiendo que son incapaces y desarrollan baja autoestima. Muchos niños que tienen poco saben hacer más cosas que los que tienen mucho. Es cierto que la afluencia protege a los niños de cualquier infortunio o carencia, pero también es verdad que cuando esta abundancia no es

---

[12] Jesús Amaya y Evelyn Prado, *Los hijos tiranos llegan a las empresas*, Trillas, México, 2008.

regulada por valores les provoca actitudes de apatía y aburrimiento, ya que carecen de un sentido de vida significativo. Vivimos en una sociedad que nos distrae y nos aleja cada vez más de nuestra esencia. Por ello, los adultos debemos buscar regresar a la simplicidad de la vida para valorar lo esencial (que muchas veces no tiene costo). Necesitamos aprender del pasado: que lo importante es barato; y debemos quitarnos la idea de que la vida de hoy es más satisfactoria que antes. En efecto, nuestros abuelos no disfrutaron del horno de microondas, del control remoto, del carro automático, del refrigerador o del aire acondicionado, pero vivieron una vida con menos estrés; vivían con poca presión para poseer artículos que les dieran estatus, tenían más convivencia familiar y mayor tiempo significativo para ellos y su familia. Recuerdo a mis abuelos meciéndose en la mecedora todas las tardes en frente de su casa, saludando y conversando con los vecinos o familiares. Todos se conocían e interactuaban para formar una comunidad segura y de amistad. Hoy, en este mundo tan acelerado y lleno de excesos, no sabemos los nombres de nuestros vecinos, pero sí la marca y modelo de los carros que tienen ellos y sus hijos.

Algunos errores comunes de los padres generosos son:

1. Presumir que tienen más que otros.
2. Estar obsesionados por adquirir cosas, porque están de moda o aparecen en la TV.
3. Ser los primeros en usar o comprar lo último de la moda.
4. Hacerle la tarea al niño cuando está de malas.
5. Comprarles todo lo que quieran y en forma inmediata.

"Nos pasamos los días al margen de lo que verdaderamente es vida. Nos pasamos leyendo en el periódico cosas tristes, ambiciones desmesuradas, hipocresías, guerras, y recalcando en nuestro interior la amargura de todo esto. Y de aquí a unos años nos moriremos para siempre y adiós sol, adiós luna, adiós todo lo que en el mundo había que ver y no vimos."

Miguel Torga, Diario 1932-1987,
Ed. Círculo de Lectores, 1998.

LA RIQUEZA NO ES MALA, PERO
SIN VALORES SÍ LO ES

No hay nada de malo en vivir bien, con comodidad y en dar lo mejor a nuestros hijos. Sin embargo, debemos enseñarles que todo privilegio se gana y es producto del esfuerzo, sacrificio y trabajo. Desafortunadamente, hacemos creer a los hijos que ellos se merecen todo y no les pedimos nada a cambio.

Es triste ver a los hijos acabarse el dinero de sus padres jubilados.

Vemos con mucha tristeza cómo los hijos adultos, profesionales y que trabajan, exigen a sus padres su manutención, a pesar de que ya están jubilados. En nuestro libro *Los hijos tiranos llegan a las empresas*[13] definimos esta nueva generación de profesionales que ingresan a una empresa: tienen muy altas expectativas; pero, como no quieren empezar desde abajo, no ser regañados ni tampoco que les exijan mucho, ante un conflicto mínimo renuncian, pues están seguros de que sus padres los seguirán manteniendo económicamente. La abundancia puede crear un confort en los hijos y hacer que pierdan toda motivación para perseverar y luchar en forma personal a fin de lograr sus metas en la vida.

En la actualidad las empresas familiares corren un gran peligro con este tipo de jóvenes que no saben valorar lo que heredan. Hace 40 años estas empresas sobrevivían más años, ya que los padres, al incorporar a un hijo a la empresa, hacían que empezara desde abajo para que conociera los pormenores del negocio. El hijo debía hacerse merecedor de los ascensos, hasta llegar a ser el director general y dueño de la empresa. Hoy las empresas familiares tienen una duración mucho más corta, ya que los padres ubican a sus hijos en puestos altos y claves de la empresa sin pedirles nada a cambio. Aún más, conocemos a muchos directores generales que ni

[13] Jesús Amaya y Evelyn Prado, *op. cit.*

siquiera terminan sus estudios profesionales. En consecuencia, la quiebra de la empresa no se deja esperar, aun viviendo los padres fundadores.

Además de enseñar a nuestros hijos a escalar a través del esfuerzo, hoy más que nunca es importante introducir el concepto **"menos"** en nuestros hijos. Esto no significa que abandonen toda comodidad y vayan a vivir a un convento alejado de los bienes materiales. Más bien significa que, al salir de vacaciones, por ejemplo, se fijen prioridades y cierta cantidad para los gastos sin rebasarlos. También quiere decir que, al buscar un automóvil, deban elegirlo con el criterio de que cumplan con satisfacer las necesidades básicas y no con la idea de comprar estatus.

La misión de los hijos es:

1. Acabarse todo su dinero.
2. Acabarse todo el dinero de sus padres.

8

Habilidades para sobrevivir @nte la crisis

"Los alumnos llegan de la secundaria acostumbrados al cien; no conocen el 90 y no pueden aceptarlo.

Son soberbios pues creen que saben mucho, y se frustran si sus calificaciones no son como las que tenían en su secundaria. Tutean al maestro, lo ven como su igual. Les digo que yo no soy su amiga, sino su maestra. Se les acostumbró a que, con el mínimo esfuerzo, obtenían altas calificaciones.

Vienen con la idea de que Copy-Paste es legal y que todo se puede encontrar en Google. No están acostumbrados a leer, ni a esforzarse demasiado."

MAESTRA DE NIVEL PREPARATORIA

"Antes los jóvenes eran más dedicados en el sentido de que se esforzaban mucho por crecer, por ser exitosos y desenvolverse en el ámbito laboral. Ahora muchos jóvenes creen que tienen la vida hecha porque, una vez que se gradúen, tienen trabajo asegurado con sus padres o porque sienten que no necesitan trabajar para darse los lujos que les ofrecen en casa. Lamentablemente, muchos jóvenes esperan quedarse con sus padres, en vez de independizarse y alcanzar logros por ellos mismos."

MAESTRO DE UNIVERSIDAD

Para sobrevivir a una crisis económica, debemos enfrentarla con nuevas habilidades y actitudes. Será necesario desarrollar la habilidad de flexibilidad, a fin de adaptarnos a las nuevas exigencias, creatividad para buscar nuevas alternativas y carácter para poner en marcha estas nuevas estrategias, con perseverancia y tolerancia a la frustración. Ante la crisis económica se requiere:

○ Reducir el consumo de bienes no necesarios (lujo).
○ Crear nuevas fuentes de ingreso (madre e hijos).
○ Jerarquizar y priorizar los gastos.
○ Cuidar los bienes existentes.
○ Ahorrar al menos 30 % de los ingresos.

La **flexibilidad** o adaptación es una capacidad de responder ante una nueva circunstancia. Es la capacidad personal para modificar el comportamiento, a fin de dar una mejor respuesta frente a nuevos contextos o problemas. Como lo mencionamos en el capítulo 1, esta generación presentará una gran dificultad para adquirir esta habilidad, ya que los adultos nos propusimos adaptar el mundo exterior de nuestros hijos para evitar que sufran. Hemos satisfecho a plenitud sus necesidades y están acostumbrados a que el mundo se adapte a ellos, y no ellos al mundo.

La **creatividad** o imaginación es otra capacidad fundamental para enfrentar con éxito las crisis. El niño deberá ser capaz no solamente de adaptarse a las nuevas exigencias, sino además de encontrar soluciones innovadoras para enfrentar con mayor eficiencia las privaciones.

El **carácter** y la resiliencia son habilidades que permiten a una persona recuperarse, a pesar de la adversidad, y tener una vida significativa y productiva. A pesar de vivir grandes fracasos y conflictos, las personas que han desarrollado estas habilidades son capaces de levantarse y vivir una vida plena y exitosa. Estas habilidades implican dos procesos: primero, protección frente a la crisis y la presión; en segundo lugar, la capacidad de construir una vida positiva a pesar de la crisis.

Como dice el adagio, las crisis son un riesgo o una oportunidad. De hecho, gracias a una crisis muchas personas, además de que sobrevivieron a ella, alcanzaron logros que nunca hubieran tenido si se hubieran mantenido en su zona de confort. Conocemos personas que fueron despedidas de su trabajo y que, gracias a ello, buscaron nuevos caminos, crearon su propia empresa y ahora son muy exitosas. Hoy reconocen que, gracias a esa empresa que los despidió, ellos se vieron obligados a buscar nuevas opciones, lo cual nunca hubieran hecho como empleados. Desafortunadamente, también conocemos otras historias en los cuales el despido ocasionó que la persona se hundiera emocionalmente, provocando depresión y desintegración familiar.

LA CRISIS: CUNA DE OPORTUNIDADES

Hace algunos meses, al encender la radio, encontramos un programa llamado "Por el placer de vivir", dirigido por el doctor César Lozano. Nos llamó la atención una historia que relató el doctor Lozano, la cual hacía referencia a que la crisis puede ser también una oportunidad. La historia se titula "Tira la vaca" y la reproducimos a continuación:

Hace muchos años existía un pequeño pueblo, no pobre pero tampoco rico, que para sobrevivir dependía de la producción de leche de una vaca, con la cual también elaboraban crema y quesos. Un pueblo cercano tenía envidia de la vida tranquila y apacible de sus vecinos y, llevados por los celos, un día decidieron "tirar la vaca" a un barranco para destruir al pueblo cuya economía y sobrevivencia dependía de ese animal. Una noche se introdujeron al pueblo vecino, robaron la vaca y la tiraron al barranco. Luego esperaron dos años para ver su hundimiento. Cuando, después de ese tiempo, visitaron el pueblo, vieron con sorpresa que el pequeño poblado se había convertido en una gran comunidad cosmopolita, con grandes avenidas, comercios, industrias y un nivel de vida saludable y positivo. Al preguntarles la causa de este cambio significativo, dijeron: "Hace poco más de dos años desapareció la vaca que nos daba sustento. Al no encontrarla, nos preguntamos de qué íbamos a vivir ahora. Esta crisis nos obligó a buscar nuevas formas de sobrevivencia y nos empujó a salir de nuestro confort y a esforzarnos el doble para salir adelante."

Muchas personas necesitamos "tirar la vaca" para dejar a un lado nuestra mediocridad y comodidad y despertar el ingenio, la iniciativa y el arrojo. Otra historia similar ocurrió en 1915 cuando llegó a Monterrey un muchacho proveniente de San Luis Potosí en busca de una mejor vida, oportunidades y trabajo. Fue a Fundidora de Monterrey para pedir trabajo como obrero, pero como no sabía leer ni escribir, fue rechazado. Desesperado, sin fuentes de ingreso para sobrevivir, observó que a la entrada de la fundidora un hombre vendía tacos. Le preguntó cómo le iba en el negocio y el hombre contestó que muy bien, ya que había muchos obreros que entraban en la madrugada a trabajar y no desayunaban.

El muchacho tomó la decisión de hacer lo mismo, pero, en vez de tacos, les vendería tortas de huevo, jugo y café. Todos los días se levantaba a las dos de la madrugada para preparar los desayunos y llegar antes de las cinco de la mañana, hora en que entraba el primer turno. Después de algunos años de trabajo y ahorro fue capaz de comprar un pequeño local y puso ahí un pequeño restaurante, en frente de la entrada de la fundidora. Después de algunos años de trabajo duro, esfuerzo y perseverancia, extendió su negocio y fundó varias tiendas comerciales de abarrotes.

Comentó: "Gracias a que no fui aceptado, tuve la oportunidad de crecer."

Una crisis puede ser una oportunidad.

¡Tiremos a la vaca!

Desafortunadamente no todos desarrollamos la capacidad de resiliencia y fortaleza para enfrentar las crisis con una visión de oportunidad. Muchas veces, en vez de que la crisis sea una oportunidad, ésta produce hundimiento y daño. Grandes ejecutivos y empresarios, luego de quedarse sin trabajo, se refugian en el alcohol o se encierran en su casa esperando ser contratados con el mismo estatus que tenían al momento en que fueron despedidos. Sufren depresión y no son capaces de luchar, de empezar desde abajo o de buscar nuevas alternativas. Hace poco conocimos a un hombre que había sido director general de una empresa pero que, al quebrar, decidió preparar jugos de frutas y venderlos en la calle para poder seguir pagando la colegiatura de sus hijos. No necesariamente toda su vida venderá jugos, pero es un buen principio para rehacer su vida. Y quién sabe si ésta sea una oportunidad extraordinaria para crear su propia empresa y franquicia de jugos.

¡Papás, tiremos la vaca de nuestros hijos!

Los padres en la actualidad no solamente les regalamos una "vaca" a nuestros hijos, sino que además se las mantenemos y les creamos una zona de comodidad que no les ayuda a desarrollar su flexibilidad, creatividad, resiliencia y esfuerzo. En nuestro libro *Padres duros para tiempos duros*[1] proponemos que, para formar a un hijo exitoso, debemos educarlo con pequeñas carencias, ponerles límites y no evitarles los fracasos. Nuestros hijos deben sufrir un poco de hambre y frío para poder estimular su motivación, perseverancia y amor al trabajo. Si el hijo siempre ha vivido en una burbuja de confort, donde los padres lo han llenado de privilegios y han satisfecho todas sus necesidades, no tendrá suficiente motivación y, sobre todo, no valorará el esfuerzo y el trabajo, ya que no le hemos pedido nada a cambio y su nivel de bienestar no le ha costado nada. Constantemente escuchamos a padres de familia quejarse de sus hijos porque, apenas a sus 20 años, por lo menos cinco veces les han cambiado o comprado un carro nuevo: "No los cuida", "Los ha chocado todas las veces", "Maneja muy rápido y choca", "Se ha quedado dormido en el volante" o "Son un barril sin fondo."

Como se han acostumbrado a recibir todo, lo demandan, lo exigen o hasta lo roban. Hace unos meses unos padres, muy preocupados, nos comentaron que su hijo menor, de 23 años, tiene una adicción a las apuestas, por lo cual ha perdido anillos, dinero y hasta aparatos electrodomésticos. Cuando lo confrontan les contesta con tono desafiante: "Pues ¿qué esperaban?: ustedes tienen la obligación de mantenerme. Yo no pedí venir al mundo." Han creado un "monstruo narcisista" que no solamente vivirá a expensas de ellos toda su vida, sino que, además, tiene el objetivo de acabarse todo el dinero y propiedades de sus padres.

---

[1] Jesús Amaya y Evelyn Prado, *Padres duros para tiempos duros. Hijos exitosos educados con carencias, disciplina y fracasos*, Trillas, México, 2005.

¡Evitemos inflar a nuestros hijos! Démosles responsabilidades dentro de la casa y, si no las cumplen, debemos aplicar consecuencias o privarlos de privilegios. Un hijo necesita sentirse parte de la familia, pero además sentirse útil. Ello contribuirá en el cumplimiento de sus obligaciones y lo ayudará a crecer como una persona responsable y convencida de que el trabajo dignifica su vida.

PADRES DUROS PARA TIEMPOS DE CRISIS

Cuando éramos niños, muchos padres de hoy sufrimos una gran cantidad de carencias y enfrentamos la firmeza en el cumplimiento de las reglas disciplinarias. Compartíamos una bicicleta entre cinco hermanos, recibíamos juguetes solamente en Navidad o en nuestro cumpleaños (y sólo uno), teníamos zapatos nuevos solamente cuando ya no nos quedaran y era muy común que los zapateros pusieran suelas nuevas cuando la vaqueta tuviera un agujero. Nuestras madres usaban parches para cubrir los agujeros del pantalón en las rodillas o usábamos los "gallitos" (ropa de los hermanos mayores o de los primos) y muy esporádicamente estrenábamos ropa nueva y casi siempre era al entrar al ciclo escolar nuevo. Pero ahora que somos padres decimos: "Lo que yo nunca tuve que lo tengan mis hijos." Parece que hoy la enseñanza es: gasta todo lo que tengas lo antes posible, para poder pedir más y acabarte la fortuna de tus padres. Parece que a las nuevas generaciones no les interesa cómo vivirán su vejez, o quizás están convencidos de que, a sus 70 años de edad, los seguirán manteniendo.

La fortuna y la riqueza bien habidas son el resultado de un estilo de vida: trabajo duro, perseverancia, planeación y, sobre todo, autodisciplina. Pero, en ese sentido más amplio, la fortuna y la riqueza no se definen por la cantidad de bienes acumulados o por las posesiones materiales, sino por el número de valores que poseamos.

Para ser afluentes hay que ser frugales, es decir, tener un uso adecuado de los bienes. Desde nuestro punto de vista, la recesión económica actual de Estados Unidos se debe a una ausencia de autodisciplina y por vivir en el exceso, sin control. Los estadounidenses se hicieron de una gran cantidad de bienes en forma inmediata, sin esperarse a tener la suficiente solvencia para pagarlos.

La raíz de la crisis de Estados Unidos es la ausencia de disciplina.

De acuerdo con Angela Lee Duckworth, investigadora del Centro de Psicología Positiva de la Universidad de Pennsylvania, en Estados Unidos, la autodisciplina es uno de los mejores predictores de éxito no sólo en la escuela, sino también de la vida. Una persona con autodisciplina –dice– pone más esfuerzo y pasión en sus responsabilidades de la vida diaria:

"El bajo rendimiento de los jóvenes estadounidenses a menudo se atribuye a los malos maestros, a los libros de texto aburridos o a los salones de clase llenos de alumnos, pero sugerimos ahora otra razón: falta de dominio de la autodisciplina por parte de los alumnos."[2]

SABER ESPERAR

La habilidad de saber cuánto es suficiente es una de las principales enseñanzas que los padres deberían dar a sus hijos: "Ya no más por hoy." El **retardo en la gratificación** es una habilidad que los padres deben desarrollar en sus hijos. De esta manera no sólo impulsarán sus capacidades de resistencia y tolerancia ante situaciones de carencia y crisis, sino además, según Walter Mischel, capacidades cognitivas e intelectuales. El profesor de psicología de la Universidad de Stanford, Walter Mischel, realizó una investigación llamada "Estudio del malvavisco (o bombón), a principios de la década de 1970, demostrando la importancia de la autodisciplina en el éxito en la vida. Realizó un estudio longitudinal con un grupo de niños de entre cuatro y ocho años de edad. Como primer paso, ofreció a estos niños un malvavisco, pero les dijo que, si esperaban a comérselo, él les daría dos malvaviscos. El tiempo de

---

[2] Angela Lee Duckworth, "Self-Discipline Outdoes IQ in Predicting Academic Performance in Adolescents", *Psychological Science*, 2005.

espera era de 15 minutos. Según la teoría, los niños que esperaron el segundo malvavisco demostraron tener las habilidades de retrasar la gratificación y control del impulso.

Doce años después, el investigador encontró que 65 % de los niños que esperaron los dos malvaviscos tenían las siguientes características:

○ Eran socialmente más competentes.
○ Eran más asertivos.
○ Tenían mejor manejo de las frustraciones.
○ Tenían mayor tolerancia al estrés.
○ Eran más persistentes, a pesar de las dificultades.
○ Iniciaban más tareas y se mostraban motivados para hacerlas.
○ Tenían más habilidades para retrasar la gratificación con el fin de lograr metas más significativas y a largo plazo.
○ Tenían mayor éxito académico.
○ Tenían mejor concentración.
○ Estaban 210 puntos arriba en la prueba de rendimiento del SAT (College Board).

Por su parte, 35 % de los niños que se comieron inmediatamente el malvavisco:

○ Eran introvertidos socialmente, así como más indecisos y tercos.
○ Eran menos tolerantes a las frustraciones.
○ Tenían baja autoestima.
○ Se inmovilizaban ante el estrés.
○ Eran más propensos a tener envidia.
○ No eran capaces de controlar sus impulsos.

Por su parte, Dan Ariely publicó un artículo titulado "How-Self-Control Works?" ("¿Cómo trabaja el autocontrol?").[3] En él afirma, como el doctor Mischel, que el grado de autocontrol de los niños de preescolar que son tentados con pequeñas recompensas es predictivo en su competencia escolar y social en la adolescencia.

Un estudio realizado por los doctores Walter Mischel y Yuichi Shoda mostró que niños de cuatro años de edad que tienen la habilidad de retrasar una gratificación tienen a la vez buenas relaciones personales, mayor control emocional, menos problemas con las adicciones, mejor rendimiento escolar, menor agresividad y existe entre ellos menor índice de delincuencia.[4]

Algunas frases con las que los padres pueden ayudar a sus hijos a desarrollar el retardo en la gratificación son:

- ○ "No puedes jugar con la mascota mientras estás comiendo."
- ○ "Sé que te gusta el juguete, pero tu cumpleaños viene pronto y quizá ese día lo tengas."
- ○ "No puedes salir con tus amigos si no limpias tu cuarto."
- ○ "Puedes tener carro hasta que seas capaz de pagar la mitad del seguro y la gasolina."

Sin esta habilidad no podrán tener control de su propia vida.

En 2007, el Instituto Max Planck realizó un estudio en la Universidad de Harvard con chimpancés y con seres humanos. El objetivo era analizar la diferencia del autocontrol entre unos y otros. Se usaron uvas para ofrecer a los chimpancés, y pasas, cacahuates,

---

[3] Dan Ariely, "How Self-Control Works?", *Scientific American*, abril de 2011.
[4] Walter Mischel y Yuichi Shoda, "Delay of Gratification in Children", *Science*, mayo 26 de 1989, pp. 933-938.

chocolates, galletas y palomitas para los humanos. Tanto un grupo como otro podían escoger entre dos regalos, pero si esperaban dos minutos más podrían escoger seis. El 72 % de los chimpancés esperaron y solamente 19 % de los estudiantes de Harvard lo hicieron. ¿Por qué? ¿Tienen más autocontrol los chimpancés que los seres humanos? ¿Nosotros hemos perdido esta facultad a través de la evolución? Lo que ocurre es que los seres humanos nos damos permiso para actuar más irracionalmente. Podemos racionalizar malas decisiones y decir que mañana lo haremos mejor. Nosotros tenemos trucos mentales para convencernos de que hay un mañana para empezar y resistir la tentación. Y entonces cedemos a la gratificación inmediata. Los seres humanos pensamos que el futuro será diferente.[5]

Los especialistas de la conducta llaman a esto **deterioro de la espera** (cuanto más esperas para el premio, menor valor tendrá para ti). Cuando tienes que esperar dos minutos, los seis chocolates tienen menor valor que recibir dos de manera inmediata. El deterioro de la espera no solamente explica por qué los universitarios decidieron comerse los dos chocolates en vez de los seis, sino, además, por qué eligen satisfacciones inmediatas a costa de la felicidad futura, o gastar todo su dinero rápidamente y no ahorrarlo para tener una mayor seguridad financiera el día de mañana.

En el estudio anterior, los universitarios estaban de acuerdo con que seis golosinas son mejor que dos; sin embargo, al ponerlos sobre la mesa y preguntarles: "¿Quieres dos ahora o seis en dos minutos?", 80 % cambió de opinión. Los especialistas de la conducta le llaman a este fenómeno *bounded rationality* (racionalidad brincada). Es decir, somos racionales en teoría, pero cuando la tentación es real, el cerebro se bloquea y se activa el modo de buscar el placer o el premio. Somos susceptibles a la gratificación inmediata porque el sistema de placer no se desarrolla para responder placeres futuros. El cerebro está hecho para consumir lo inmediato.

El placer inmediato estimula el viejo y primitivo cerebro del placer y la dopamina para inducir al placer inmediato. Los placeres futuros no le interesan a este sistema de placer inmediato. El retraso en la gratificación es una función del lóbulo frontal, el cual tiene que "enfriar" la promesa del placer.

[5] Alexandra Rosati, "The Evolutionary Origins of Human Patience: Temporal References in champanzees, Bonobos, and Human Adults", *Current Biology*, 17.19, pp. 1668, octubre de 2007.

En otro estudio similar, los investigadores no pusieron los premios sobre la mesa (es decir, no estaban a la vista). Ahora los estudiantes pudieron esperar su recompensa más tiempo. No ver el premio o la recompensa nos hace más abstracto el pensamiento y menos activo el sistema del placer. En un estudio, poner la golosina en un bote en la alacena y no sobre el escritorio redujo su consumo en una tercera parte. Esto nos indica que no ver el objeto deseado reduce el deseo producto del constante estímulo. En este caso ayuda la regla de los 10 minutos: si quieres algo, espera 10 minutos y se reducirá el riesgo de caer en la tentación.

Hay que hundir nuestras naves

Para evitar que sus soldados tuvieran la tentación de regresar a España después de la derrota con los indígenas, Hernán Cortés decidió hundir y quemar las naves. Esto mismo es importante para nosotros: quitarnos la tentación de la vista: no llevar tarjetas de crédito a la tienda, poner la alarma en el otro lado del cuarto para obligarnos a levantarnos y apagarla.

La percepción de tu felicidad presente o futura dependerá de tener o no problemas de autocontrol. Para quienes el presente es más importante y desean disfrutar los placeres sin ser capaces de postergar, tienen más problemas con las adicciones, ya sea al alcohol, al tabaco o a las apuestas; además, no ahorran para su futuro y son desidiosos.

LA IMPORTANCIA DE DECIR "¡NO!"

La generosidad y la abundancia no promueven la gratitud en quienes reciben estos bienes y, por el contrario, los vuelven insaciables, desconsiderados y desagradecidos si no tienen valores. Primero piden, luego exigen, y al final se acaban todo lo de ellos y lo de su familia. Para esta generación, su único valor es el materialismo, relacionado con el consumismo. Por ello es importante que los padres aprendamos a decir "no" o "cuando te lo merezcas".

La mejor consecuencia de decir "no" es la frustración y el trauma. Sin embargo, pequeñas cantidades de frustración ayudan a formar un carácter más fuerte y a desarrollar la resiliencia. Un niño que vive pequeñas carencias valora el esfuerzo y el sacrificio, desarrolla su iniciativa y creatividad y es capaz de vivir y disfrutar la vida con poco. Puede empezar desde abajo y luchar por su ideal a pesar de no tener todos los medios económicos deseados. El director de una empresa nos dijo que un muchacho recién egresado de la universidad no aceptó el empleo porque su jefe inmediato tenía un coche de menor estatus que el suyo; otro nos comentó que un candidato a un puesto no aceptó el trabajo porque su lugar para estacionar su automóvil no tenía techo. Estamos desadaptando a nuestros hijos del mundo real en donde, para tener, hay que trabajar y merecerlo. ¿Quién dice que el preparatoriano debe tener coche? Nadie.

¿Es capaz de pagar el seguro, la gasolina, su mantenimiento y las placas? Los padres responden: "Es que no trabaja. Sólo debe estudiar." Y la nuestra es: "Entonces, no le doy coche, ya que tener un vehículo implica asumir una gran cantidad de responsabilidades que el adolescente no es capaz de enfrentar." Cuando trabaje y gane su propio dinero, entonces podrá comprar carro, como resultado de su esfuerzo y ahorro. Y es aquí cuando el muchacho valora y cuida lo que le cuesta. Y ahora podemos decir: "Nuestro hijo está madurando y creciendo como adulto."

GANAR LOS PRIVILEGIOS

Hay hogares donde todos son reyes, reinas y princesas, ya que viven rodeados de privilegios y comodidades heredados por sus padres pero no ganados por ellos mismos. Es común observar, especialmente en las empresas familiares, que los padres digan a sus hijos: "Tú serás el dueño de todo esto." Sin embargo, la lección que les dejamos es que pueden tener todo lo que desean sin la más mínima gota de sudor producida por el trabajo y el sacrificio.

Los privilegios no son derechos que se regalan, sino reconocimientos que se ganan. Si los niños crecen rodeados con demasiados privilegios y que no se han ganado, nunca nos dejarán en paz, ni cuando sean adultos, ya que siempre nos exigirán que mantengamos su estatus sin que ellos muevan un solo dedo para lograrlo.

Nuestros hijos deben aprender que nada en esta vida es gratis y que todo se gana con esfuerzo y trabajo. Cuando se obtiene algo sin haberlo ganado, no se aprecia, sino sólo se exige y demanda.

Algunas reglas para sobrevivir en un mundo materialista son:

○ Nunca decir a los hijos que dispo-
nemos de dinero, ya que exigirán
vivir como ricos.

○ Aun cuando los padres sean ricos,
deben enseñar a los hijos la importancia de ahorrar y de vivir
con sencillez.

○ Que jamás se den cuenta los hijos
de que tenemos solvencia económica hasta que sean maduros, dis-
ciplinados, tengan una profesión y
sean responsables en el trabajo, ya
que de lo contrario no valorarán el
esfuerzo. Si nuestros hijos nos preguntan cuánto ganamos, debemos
contestarles: "Lo suficiente para
vivir." No debemos permitir que
nadie sepa lo que tenemos; éste es
un asunto privado. Si los hijos descubren lo que ganan o tienen sus
padres, tomarán actitudes de menosprecio, conformismo y apatía
hacia el sacrificio, el esfuerzo, el
trabajo y el ahorro.

○ Jamás se debe dar dinero o regalos
costosos para chantajearlos y menos para obtener su cariño.

○ Enfatizar el valor del trabajo, sin
importar el rango. Muchos padres
menosprecian trabajos inferiores
y los consideran no dignos para
sus hijos.

○ Enseñarles que hay cosas más importantes que el dinero.

Algunas reglas para rectificar son:

○ No darles nada que no merezcan.
○ Darles responsabilidades y tareas en casa.

○ Exigirles que terminen lo que empiezan.
○ Que vivan las consecuencias de sus descuidos e irresponsabilidades.
○ Si algo les sale mal, no corregirlo por ellos.
○ Hacerles pagar con su propio trabajo lo que dañen o pierdan a propósito o por descuido.
○ Darles menos juguetes y dulces y más responsabilidades y disciplina.
○ Darles más tiempo que cosas.

¿Qué necesitan realmente?

1. Hacer más sacrificios.
2. Realizar esfuerzos.
3. Merecer y ganarse los privilegios.
4. Tener carencias.
5. Enfrentarse a las exigencias y responsabilidades.
6. Ser puntuales.
7. Fomentar el ahorro.

¿Qué no necesitan?

1. Tener muchos juguetes.
2. Tener mucha ropa.
3. Pasar mucho tiempo con la computadora o con el celular.
4. Acostarse tarde.
5. Comer muchos dulces.
6. Ver televisión por largos periodos.
7. Tener mucho dinero.

Darles más de lo que necesitan y menos de lo que quieren.

La habilidad de saber cuándo es suficiente es una de las principales enseñanzas que los padres deben dar a sus hijos: "Suficiente por hoy."

Debemos enseñarles cuándo es suficiente.

HAY QUE APRENDER A HABLAR DEL DINERO

Los padres necesitan hablar a sus hijos en forma apropiada acerca del dinero. ¿Qué **no** debemos decir sobre el dinero?

1. *"No podemos comprarlo porque no tengo dinero."* Esta es una de las excusas más comunes que usan los padres para quitarse de encima a sus hijos. Pero los hijos observan la deshonestidad y la mentira de sus padres: "Entonces, ¿por qué te compraste tus lentes para el sol y no tienes dinero para mi juguete?" Los niños son muy perspicaces y detectan de inmediato las mentiras. Es mejor contestar algo como lo siguiente: "Ya te compré hoy un juguete y ya es suficiente", o "Ya sabes que no puedo comprarte un dulce sino hasta después de que comas".

2. *"De eso hablamos después."* Muchos padres usan esta estrategia para evitar la confrontación con sus hijos, en especial cuando hay gente alrededor. Pero si los padres no cumplen y no hablan con sus hijos, ellos aprenden que esto no ocurrirá y cada vez los presionarán para que les compren lo que desean y los desafiarán diciéndoles que son mentirosos, ya que nunca platican de ello.

3. *"Te doy 500 pesos si sacas 100 en tu escuela"* o *"Si apruebas tus exámenes te regalaré un coche nuevo".* Es muy peligroso condicionar los esfuerzos de nuestros hijos a la obtención de reconocimientos extrínsecos en lugar de que sientan la satisfacción por el logro en sí mismo. Después pondrán condiciones: "Lo hago, pero ¿qué me das a cambio?" La gratificación natural e interna por el simple hecho de realizar un esfuerzo y alcanzar un logro se pierde. Escuchamos constantemente a los padres decir: "Si te vistes solo te daré un dulce", o "Si te comes toda la

verdura te dejaré jugar videojuegos". Los niños deben vestirse solos o comerse las verduras porque esas son sus obligaciones.

Y preguntas que debemos hacer:

1. *"¿Realmente lo necesitas?"* Aún más: "Tienes apenas 10 años, ¿necesitas un teléfono celular con internet?" O, "Tienes apenas 16 años, ¿necesitas coche y además que sea deportivo?". Los privilegios se ganan y no se regalan; se dan porque se necesitan y no simplemente porque se desean. Y se usan con responsabilidad y con consecuencias. Si no cumple con alguna de las tres condiciones anteriores (se necesita, se gana y se responsabiliza), debemos negarlo.
2. *"¿Te lo has ganado?"* Como hemos dicho, los privilegios se ganan. Aunque tengamos la capacidad económica para dar a nuestros hijos lo que quieren si no se lo merecen, es sencillo: no se lo damos. Si nuestros hijos reciben todo lo que quieren pero no se lo han ganado, serán irresponsables y creerán que el mundo es de ellos y que se merecen todo.
3. *"¿Eres responsable?"* Si nuestro hijo nos insiste en que necesita un coche, pero no demuestra madurez (por ejemplo, conduce en estado de ebriedad o muy rápido), entonces no debemos darle un coche, aunque lo necesite. La opción es llevarlo y recogerlo o que utilice el transporte público o un taxi.

"¿Para qué trabajo o estudio? Si ya tengo mi futuro asegurado. Todo lo de mis padres es mío."

4. *"¿Lo quieres? Ahorra."* Nuestros hijos deben aprender que, para adquirir cualquier bien material, deben realizar un esfuerzo y ahorrar. Los niños deben aprender que el ahorro es una capacidad esencial para la vida y más en tiempos de crisis: "Ahorra lo de tu cumpleaños o tus domingos y podrás comprarte ese juguete que tanto quieres."

9

Hombres fracasados y mujeres deprimid@s

"Es egocéntrico, muy chiflado y no come nada si no es sopita. Le falta desarrollar su vocabulario, va atrasado para su edad y le falta una imagen paterna."

MADRE DE UN NIÑO,
de 4 años de edad

"Mi hija de 15 años quiere adelantarse a su edad; ya quiere manejar y andar por todos lados, tener novio y subirse a los coches de sus amigos, cuando todavía está muy chica. Mi hija de 10 años está siendo excluida de su grupo de amigas, porque no la invitan, inventan chismes y eso afecta su autoestima y a todos en la familia."

MADRE DE DOS HIJAS,
de 10 y 15 años de edad

"Muchas veces, cuando mis alumnos reprueban, llegan sus padres pidiendo que los pase o reclamando y preguntando por qué los reprobé."

MAESTRO DE PREPARATORIA

El investigador y analista del Instituto Pell para el Estudio de la Oportunidad en Educación Superior en Estados Unidos, Tom Mortenson, realizó un estudio longitudinal sobre las diferencias de género en los distintos aspectos sociales, académicos y cognitivos en los últimos 40 años. A continuación presentamos algunos de sus hallazgos importantes:

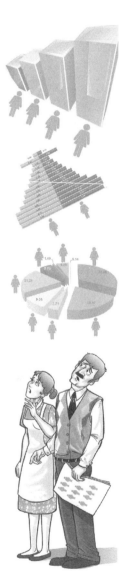

- ○ Por cada 100 mujeres de 15 a 19 años de edad que cometen suicidio, 549 hombres de la misma edad hacen lo mismo.
- ○ Por cada 100 mujeres de 20 a 24 años de edad que cometen suicidio, 624 hombres de la misma edad hacen lo mismo.
- ○ Por cada 100 niñas diagnosticadas con un problema de aprendizaje, son diagnosticados de la misma forma 276 niños.
- ○ Por cada 100 niñas que son diagnosticadas con un problema emocional, son diagnosticados igual 324 niños.
- ○ Por cada 100 niñas que son diagnosticadas con un problema de lenguaje, 147 niños son diagnosticados igual.
- ○ Por cada 100 niñas menores de tres años de edad que tienen retraso en su desarrollo, 165 niños tienen el mismo problema.
- ○ Por cada 100 niñas de tres a cinco años de edad que tienen retraso en su desarrollo, 154 niños tienen retraso en su desarrollo.
- ○ Por cada 100 niñas de seis a 14 años de edad que tienen problemas académicos, 176 niños tienen problemas del mismo tipo.
- ○ Por cada 100 niñas que repiten preescolar, 194 niños lo repiten.

- ○ Por cada 100 mujeres que se inscriben en la universidad, 78 hombres lo hacen.
- ○ Por cada 100 mujeres que se gradúan de la universidad, 61 hombres lo hacen.
- ○ Por cada 100 mujeres que terminan un nivel de maestría, 66 hombres lo hacen.
- ○ Por cada 100 mujeres que terminan un grado doctoral, 91 hombres lo hacen.

El doctor Michael Gurian, en su libro *How do I help him?* (*¿Cómo puedo ayudarlo?*),[1] afirma que hay varias causas del retraso de los hombres en su desarrollo. Una de ellas (y en nuestra opinión la más importante) es la ausencia de una figura masculina en la vida de los niños. La ausencia de la influencia paterna y de buenos mentores masculinos afecta el desarrollo de los niños (varones) en detrimento de su crecimiento social y de su motivación para aprender, para madurar y tener éxito.

La revista *Newsweek* del 20 de septiembre de 2010 anunció la extinción de otra especie: el hombre. Menciona que –hoy más que nunca– es muy importante redefinir la masculinidad. La tendencia a la feminización, que ocurre desde mediados de la década de 1960, ha favorecido el deteriorado concepto que tenga relación con lo masculino. Hoy día, "hombre" es sinónimo de violencia, opresión, abuso o menosprecio. En los últimos años se ha glorificado lo femenino y menospreciado lo masculino, lo cual ha repercutido negativamente en el desarrollo del niño y del hombre.

En un futuro muy próximo (si no es que esto ya ocurre), las mujeres tendrán grandes problemas para encontrar un hombre que las respete y que cumpla con sus expectativas, suficientes para casarse. Y los hombres tendrán dificultad para encontrar una mujer que pueda ser compatible con ellos. Una gran cantidad de mujeres recién casadas se quejan hoy de su marido porque, al llegar a

---

[1] Michael Gurian (2011), *How do I help him? A Practitioner's Guide To Working With Boys and Men in Therapeutic Settings*, Gurian Institute Press, Kindle Edition, Washington, 2011.

sus casas, pasan horas frente al Facebook y a sus videojuegos. Estas mujeres están frustradas y desilusionadas, ya que no perciben que, junto a su esposo, puedan tener un futuro seguro.[2]

Según el doctor Leonard Sax, autor del libro *Boys Adrift* (Niños a la deriva),[3] los varones promedio de hoy son menos inteligentes, comparados con los niños de hace 15 años. Una de las razones –afirma– es la ausencia de estilos de aprendizajes masculinos en las escuelas, la carencia de disciplina y la exposición excesiva a videojuegos, televisión y computadora.

La procrastinación (dejar el deber y la obligación para después) es un problema más común en el hombre que en la mujer. Los hombres tienen más problemas para controlar sus impulsos. Ellos esperan el premio inmediato y prefieren jugar videojuegos que limpiar la cocina o hacer la tarea, e ignoran las consecuencias de sus conductas. Por ello, en la actualidad se requiere mayor supervisión y seguimiento en la educación de los varones.

En la actualidad, como hemos dicho, las niñas tienen mejor rendimiento académico; en las universidades, el número de mujeres supera al de los hombres y eso mismo ocurre en carreras como Medicina y Derecho. Sin embargo, las mujeres enfrentan nuevos retos y peligros. Según Flanagan, las niñas alcanzan hoy la madurez sexual muy tempranamente y están siendo atractivas no sólo para sus pares, sino también para hombres adultos. Así, los riesgos de iniciar de manera prematura su vida sexual son más grandes para las niñas de hoy día.[4]

Podemos decir que, en los últimos siglos, las mujeres han cambiado sus roles y estilos de vida. Son tres los tipos de mujer que hemos conocido a lo largo de las últimas décadas. La **primera mujer (la reprimida)** nació antes de la segunda mitad del siglo xx. Fue una mujer reprimida cuya única función era estar en el hogar, atender a su marido y criar y cuidar a los niños. Su posibilidad de estudiar alguna carrera profesional era casi nula, así como de trabajar (sólo trabajaban las mujeres más pobres, pero en ocupación de bajo prestigio y salarios muy bajos, como obreras o empleadas domésticas). Fueron mujeres criadas por sus

[2] Jesús Amaya y Evelyn Prado, *Por qué las princesas y los príncipes se convierten en brujas y sapos. ¿Y vivieron felices por siempre?*, Trillas, México, 2012.
[3] Leonard Sax, *Boys Adrift: Five Factors Driving the Growing Epidemic of Unmotivated Boys and Underachieving Your Men*, Perseus Book Group, Nueva York, 2009.
[4] Caitilin Flanagan, *Girl Land*, Hachette Book Group, Nueva York, 2012.

padres para ser buenas esposas, madres y amas de casa. La **segunda mujer (la liberada)** es la que nació y creció en las décadas de 1960 y 1970, con la liberación femenina. Es la mujer que se liberó de la coerción y la restricción. Ahora la mujer tenía la oportunidad de estudiar lo que ella deseara, de trabajar e independizarse económicamente en vez de estar sujeta solamente al hogar. Pero ahora nos enfrentamos a una nueva mujer: la **tercera mujer (la deprimida)**. Esta mujer tiene el mundo en sus manos: estudios, trabajo, éxito profesional e independencia económica, pero está muy presionada y estresada. En otras palabras, es una mujer que no encuentra satisfacción de sus necesidades emocionales y afectivas. En nuestro libro *Por qué las princesas y los príncipes se convierten en brujas y sapos*,[5] definimos una mujer vacía en lo afectivo y con una gran tristeza, a pesar de que es una persona exitosa profesionalmente.

Hoy más que nunca la mujer necesita reconstruir su ser mujer; pero, desafortunadamente, junto a un hombre incompetente le será muy difícil lograrlo. Frente a hombres frágiles, sin ambiciones, sin carácter, sin actitud de esfuerzo y sin sentido de la responsabilidad, las mujeres lucharán solas para poder sobrevivir. Las mujeres necesitan hombres con carácter, fuertes, con ambiciones y responsables, para luchar mano a mano con ellas a fin de lograr un mejor futuro y encontrar la felicidad. Al reconstruir al hombre, lograremos reconstruir a la mujer. No destruyamos al hombre: ayudémosle a ser mejor hombre. En consecuencia, él ayudará a su pareja a ser mejor mujer.

Las siguientes son algunas razones por las cuales está ocurriendo la "extinción del hombre":

1. *Uso excesivo de videojuegos e Internet.* Mientras que las niñas dedican cinco horas a la semana a los videojuegos, los niños juegan 13 horas. Los juegos son adictivos y desconectan a las personas del mundo real. Según la evidencia, los niños que están conectados a videojuegos y computadora tienen más dificultades para adquirir habilidades de éxito en su vida. En el artículo "Smart as we can get" (Hasta dónde podemos ser listos),[6] David Schneider afirma que la inteligencia de niños de 12 años de edad de la actualidad

---

[5] Jesús Amaya y Evelyn Prado, *op. cit.*
[6] David Schneider, "Smart as we can get", *American Scientist*, julio-agosto de 2006.

es igual a la de niños de 8 y 9 años de edad de 1976, debido a los juegos de computadora. Los dos videojuegos más populares en la actualidad son el "Grand Theft Auto" y "Halo". Estos videojuegos no solamente tienen actividades en línea, sino también estimulan la dependencia a la violencia y al sexo. Según un estudio realizado en la Universidad Estatal de Iowa, en Estados Unidos ("Study links violent video games to violent though action"),[7] estos videojuegos incrementan la agresividad, violencia y adicción a la pornografía y disminuyen la empatía. Los jóvenes prefieren tener pornografía en línea que entablar una relación íntima con una mujer.

2. *Métodos inadecuados de enseñanza.* Presionamos a los niños para que aprendan a leer y escribir, como a las niñas. Por lo general una niña de cinco años de edad ya está lista para leer, pero un niño no. Por ello, demasiado pronto tenemos niños frustrados que odian la escuela. Los niños tienen mucha energía y necesitan desahogarla y controlarla. Ellos son visuales y cinestésicos y por ello muchos se refugian en los videojuegos.

3. *Consumo de drogas y medicamentos.* Niños con problemas de atención, hiperactividad y con problemas en la escuela tienden a ser medicados. Los medicamentos hacen el control más fácil y en menos tiempo, así como con menos esfuerzo y menos dinero. Michael Phelps, nadador estadounidense y poseedor de varios récords mundiales, era un niño hiperactivo y su madre lo medicaba para controlarlo... hasta que encontró una alberca y dejó los medicamentos.

4. *Estilos parentales dañinos.* Las estructuras familiares se han transformado muy rápidamente. La familia nuclear (papá, mamá e hijos), que era muy común hace 50 años, empieza a dejar de ser la forma tradicional de ser familia. Madres solteras, padres divorciados, padres separados y abuelos como primeros formadores son –entre otra– algunas de estas nuevas formas. La ausencia de padres en el hogar y la sustitución de profesionales para la educación de los niños será el común denominador del futuro.

5. *Devaluación de la masculinidad.* Los hombres pierden la motivación y su identidad cuando no existen estrategias varoniles en su formación.

---

[7] Brad J. Bushman, *Violent Games and Hostile Expectations, Personality an Social Psychology Bulletin,* **28(12):** 1679-1986, diciembre de 2002.

10

Estilos destructivos de ejercer la p@ternidad

"Cuando éramos pequeños teníamos que seguir estrictamente las reglas de los padres; sin importar nuestra opinión, se tenía que hacer lo que los padres querían. No había palabra u opinión para los hijos; siempre aprendimos a callarnos y a obedecer."

MADRE DE TRES HIJOS,
de 15, 17 y 19 años de edad.

"Nuestros hijos nunca están de acuerdo con las decisiones que tomamos como padres; piensan que deseamos molestarlos y tratan de manipularnos, según su conveniencia. Piensan que el mundo gira en torno a ellos. Nosotros siempre tenemos que ver con ellos y con su bienestar, pero ¿quién ve por nosotros como padres? Siempre quieren que se les comprenda a ellos, pero ¿quién nos entiende a nosotros?"

PADRE DE DOS HIJOS,
de 14 y 18 años de edad.

"Es muy flojo y no nos obedece, ni tampoco a su maestro. Siempre se la pasa jugando y no hace sus deberes. Como trabajamos, siempre está con sus abuelos paternos y ellos le dan lo que quiere. Se enoja cuando no obtiene lo que quiere, sólo come lo que quiere y no hace la tarea."

Madre de un niño,
de 8 años de edad.

"Antes los problemas eran pequeños: teníamos a veces malas calificaciones, en ocasiones no llegábamos a tiempo de una fiesta, o desobedecíamos a nuestros padres. Pero hoy los problemas son grandes: todos somos amigos, y hay total falta de respeto a los maestros, padres, tíos, abuelos o vecinos. Es una sociedad más superficial; los muchachos buscan siempre estar a la moda y eso constituye una presión para los padres."

Padre de dos hijos,
de 14 y 19 años

Las siguientes caracterizaciones constituyen algunos estilos de ejercer la paternidad.

Padres helicópteros

Este término lo utilizan en Estados Unidos cuando el padre o madre (o ambos) acuden al rescate, como helicóptero, para salvar a sus hijos de cualquier situación de "peligro". Evitan incidentes negativos a sus hijos por el miedo que tienen a afectar su autoestima. Por tanto, no les permiten aprender de los fracasos ni les enseñan a perseverar. Ellos preparan el camino, *en vez de preparar a sus hijos al camino*. Una de las enseñanzas más importantes que los padres deben dar a los niños es prepararlos para cuando ellos ya no estén.

Padres karaoke

Son padres y madres que tratan de ser "estrellas" como sus hijos, actuar como ellos, vestirse como ellos y hablar como ellos. No dan patrones, ni supervisan, sino que son los hijos los que determinan los comportamientos. Se preocupan por ser como ellos y olvidan que deben ser modelos respetados y ser una guía.

Padres tintorería

Dejan su trabajo a profesionales. Como no se sienten preparados para educar a sus hijos y disciplinarlos, dejan a otros para que los "limpien", los "corrijan", los "arreglen".

Padres volcán

Se enfurecen ante pequeños incidentes que afectan a sus hijos; por ejemplo, si el entrenador no puso a jugar a su hijo o lo puso en una posición donde no puede ser la estrella. Estos padres hacen la tarea a sus hijos y explotan con el maestro si obtienen una baja calificación. Se involucran o entrometen demasiado en la vida de sus hijos. Como se involucran demasiado, los niveles de frustración son muy altos. No solamente no les enseñan a que aprendan de sus malas experiencias, sino que además aprenden a manejar inapropiadamente las frustraciones. Facilitan tendencias "volcánicas" (histéricas) en sus hijos. Estos padres provocan que los maestros se vuelvan adversarios y no aliados, y los niños se quedan en medio. Antes los padres veían a los maestros como compañeros que enseñarían responsabilidad a sus hijos. Hoy, si los padres descubren algún problema de su hijo en la escuela, se abalanzan contra el maestro. Los padres sienten el derecho a defenderlos en la escuela, en la clase de piano o en el juego de futbol.

Amigos y no padres

Muchos estudiantes desertan de la escuela o de la universidad. Renuncian a su trabajo como estudiantes. Ocurre algo similar con los padres de familia cuando al principio están entusiasmados con el nuevo bebé, pero después abandonan su trabajo y función de ser padres al descubrir el tiempo que necesitan invertir y lo difícil que es educar a un hijo. Renuncian a su obligación de ser padres, porque es más fácil ser amigo que ser padre. Es común que estos padres den muchas excusas: "Los niños son buenos, pero no pueden controlar sus emociones", o "Mis hijos ya son grandes y no me necesitan", o "Salió a su papá y no puedo controlarlo", o "Mira, ya no puedo con ellos, te los dejo y edúcalos tú".

Padres maltratados

Muchos niños buscan a niños más débiles o frágiles o nobles para agredirlos, humillarlos y acosarlos. Pero ahora los hijos maltratan a sus propios padres (los golpean o los maltratan psicológica o verbalmente). El juez de menores en Granada, España, Emilio Calatayud, dice: "Ahora los padres demandan a sus hijos porque los insultan, les roban y hasta los golpean." Estos padres se rinden ante sus hijos, abandonan su papel como autoridad y adoptan una postura de *laissez faire* ("dejar hacer, dejar pasar"). Los niños toman el control de la familia y las decisiones y hacen lo que quieren, sin consecuencias. Estos papás cuentan los días para que sus hijos salgan de la casa, lo cierto es que lo harán aunque sin tener las habilidades adecuadas. Los hijos son los que gobiernan, no tienen autodisciplina y su actitud ante la autoridad es negativa. No tienen límites ni respetan la autoridad.

Los hijos jamás escuchan a sus padres,
pero nunca han fallado en imitarlos.

Padres *fan*

Este concepto se asocia con las estrellas de rock y sus admiradores, que idealizan e idolatran a su estrella musical. Lo mismo pasa con los padres que ven a sus hijos como "estrellas" y los honran y veneran. Los festejan en todo momento. Los inflan y no les enseñan que hay jerarquías. Nunca se pierden de un recital o juego de futbol de sus hijos. Son "*Stage moms*" (mamás escenario) o "*Pageant parents*" (padres espectáculo o *show*) y les muestran reverencia. Lo que el niño quiere lo obtiene. En una universidad de Estados Unidos, cuando un grupo de alumnos no obtuvo el *Cum Laude* (máximo honor) los padres pensaron que era injusto, de modo que en su fiesta de graduación les hicieron las cuerdas o listones para que obtuvieran los merecidos honores. Si idolatramos a nuestros hijos, ellos pensarán que deben ser líderes y nunca servir. Un eslogan de una escuela decía: "Aquí formamos líderes y afuera están sus seguidores."

Padres "comando"

Algunos padres practican un estilo autoritario o militar. Hay más reglas que relación entre ellos y sus hijos. Tienen una alta exigencia, pero no les proveen de habilidades o capacidades. Les exigen que sean los mejores jugadores de futbol, pero no que practiquen o entrenen; que sean los mejores matemáticos, pero jamás que estudien; que sean lectores a los tres años de edad, pero sin practicar la lectura. Buscan la perfección, pero sin tener en cuenta las habilidades, madurez y esfuerzo de cada hijo. Los padres buscan la perfección y los hijos crecen con ansiedad, frustración y nunca alcanzan las expectativas que tienen sus padres. Por ello los hijos viven con enorme estrés.

Eduquemos a los hijos para ser capaces y no solamente para ser felices.

RESPONSABILIDAD: TAREA DIFÍCIL

La responsabilidad es, quizás, la actitud más difícil e importante que deben enseñar los padres. Difícil porque los padres de hoy buscamos que nuestros hijos no sufran. La responsabilidad y asumir consecuencias de las conductas son dos importantes habilidades para la vida, cuyo proceso de enseñanza empieza desde los primeros años de vida. En seguida veremos algunas tareas que los niños deben tener, a fin de educarse en la responsabilidad.

De 2 a 3 años de edad

○ Guardar en su lugar sus zapatos y juguetes.
○ Poner su ropa sucia en el cesto de la ropa.

- Tirar la basura en el bote.
- Levantar sus platos después de comer y ponerlos en el fregadero.
- Ayudar a poner la mesa.
- Vestirse solo.
- Lavarse los dientes y peinarse.
- Arreglar su cuarto.
- Ponerse los zapatos solo.
- Guardar su ropa limpia.

De 3 a 5 años de edad

- Todo lo anterior.
- Realizar quehaceres sencillos en la casa: barrer y trapear, recoger la basura con el recogedor, poner la mesa.
- Al salir del cuarto, apagar la luz y los aparatos electrónicos que no estén en uso.
- Doblar su ropa limpia.
- Cerrar la llave del agua cuando no se utiliza.
- No desperdiciar la comida.
- Escoger algún juguete (en buenas condiciones) e ir a un orfelinato a regalarlo.

De 6 a 12 años de edad

- Limpiar su cuarto (tender la cama, aspirarlo, poner la ropa limpia y sucia en su lugar, etc.).
- Hacer su tarea solo.
- Tirar la basura.
- Cuidar la mascota.
- Ayudar en los quehaceres a mamá y papá.
- Pagar los servicios (con supervisión).
- Ayudar en las labores fuera de la casa, como cuidar el jardín o lavar el coche.
- Administrar una pequeña cantidad de dinero (dependiendo de su edad) que le darán sus padres periódicamente.

Conocemos niños que tratan de mandar a sus padres y estudiantes que llegan tarde a la universidad y culpan a sus madres porque no los levantaron por la mañana. También a padres que hablan al maestro a su celular para reclamarle por la calificación baja de su hijo. Vivimos la "ley del péndulo". Durante la década de 1940, el doctor Benjamin Spock reaccionó frente al daño que los padres rígidos causaban en los niños. Estos padres estaban alejados de sus hijos, tenían mucha estructura y disciplina, incluso física, con lo cual sus hijos se volvieron ansiosos, miedosos, reprimidos y neuróticos. Necesitaban ser amados. Pero ahora estamos en el otro extremo del péndulo.

Son dueños del mundo, pero no de ellos mismos.

Aunque ambos sexos son esclavos de sus hormonas, no hay duda de que las mujeres tienen mejor autocontrol que los hombres. En cada cultura, los hombres son responsables de mayor número de actos violentos, lo cual se relaciona con la impulsividad. Las mujeres en todo el mundo son más espirituales, característica asociada a la habilidad de retrasar la gratificación. El hombre tiene un pobre control de sus impulsos y ello es un gran predictor del divorcio. Las mujeres están más propensas a tener baja autoestima y a sentirse culpables. Entre los niños existen más casos de hiperactividad y déficit de atención. Las niñas, por su parte, presentan mayor índice de depresión. Los adolescentes tienen más accidentes que sus compañeras. Las mujeres obtienen mejores promedios en sus calificaciones y tienen un menor índice de reprobación y deserción escolar, ya que tienen mejor autodisciplina.

11

Hay que educar la fortaleza: inteligenci@ frontal o ejecutiva

"Cuando era pequeña éramos muy pobres y tuve que trabajar desde muy chica. Hoy mis hijos son autoritarios, sólo quieren hacer su voluntad. Son muy respondones, no respetan las reglas de la casa y siempre buscan pretextos para no estar y no ayudar en casa."

MADRE DE TRES HIJOS,
de 18, 20 y 23 años de edad.

"Mis hijas tienen problemas conmigo porque quieren vestirse de manera alocada. Siempre las reviso antes de que salgan y muchas veces entramos en conflicto y empiezan los gritos."

MADRE DE TRES HIJAS,
de 14, 17 y 19 años de edad.

"Ahora los alumnos son como cristal: nada se les puede hacer, ni castigar, porque en cualquier instante sus padres vienen a reclamar."

MAESTRA DE PRIMARIA.

En su libro *La inteligencia ejecutiva*, el doctor José Antonio Marina, filósofo español, afirma lo siguiente: "El fracaso de la inteligencia ejecutiva está presente en los grandes problemas que preocupan a la sociedad: las conductas impulsivas, la agresividad no controlada, el consumo de drogas, los déficits de atención, los problemas de desorganización, la falta de constancia, la procrastinación, la mala gestión del tiempo, los fallos en la memoria, la pasividad, las actitudes de dependencia hacia otras personas, las obsesiones, la rigidez en el pensamiento o el carácter –incluido el fanatismo– y gran parte de los fracasos educativos."[1]

La mayoría de los más grandes problemas se relacionan con la carencia de autocontrol y con una inteligencia frontal pobre: el gasto compulsivo, la violencia impulsiva, el bajo rendimiento en la escuela, la procrastinación en el trabajo, el abuso del alcohol y otras drogas, la dieta no saludable, la falta de ejercicio, la ansiedad crónica, el enojo explosivo, la depresión, la pérdida de relaciones, etc. Investigadores afirman que dedicamos tres horas al día a resistir deseos y tentaciones. El autocontrol o autodisciplina es una de las capacidades más escasas entre niños y adolescentes.

La autodisciplina es una de las funciones de la inteligencia frontal o ejecutiva y, desde nuestro punto de vista, su carencia es la mayor patología de nuestro tiempo. Con autodisciplina podemos tener una mejor salud, evitar la obesidad, prevenir las enfermedades de trasmisión sexual, la depresión y el abuso del alcohol; con ella podemos gozar de mayor estabilidad en el matrimonio. La autodisciplina es la clave del éxito y de la felicidad. Las personas que tienen mejor control sobre su atención, impulsos, emociones y acciones son más saludables y tienen sus relaciones más satisfactorias. Manejan mejor el estrés y el conflicto, se sobreponen a la adversidad y viven más años. El lóbulo frontal es responsable de todo esto. Gracias a esta parte del cerebro somos capaces de inhibir conductas destructivas, como el consumo de alcohol, la distracción y el déficit del sueño.

VENENO DEL LÓBULO FRONTAL: DÉFICIT DE SUEÑO

Uno de los efectos más negativos del uso excesivo de la tecnología es el **déficit de sueño**. En un estudio que realizamos con

---

[1] José Antonio Marina, *La inteligencia ejecutiva*, Ariel, Barcelona, España, p. 13, 2012.

jóvenes universitarios y preparatorianos, encontramos que éstos duermen un promedio de cuatro a cinco horas diarias durante la semana. Casi 100 % duerme con su teléfono celular encendido durante la noche, más de 90 % lo consultan para revisar quién les llama o envía un mensaje de texto, y más de 80 % lo contesta sin importar la hora o que estén dormidos.

Dormir poco impide que el cerebro absorba adecuadamente la glucosa (sustancia que constituye el alimento más importante para el autocontrol); igualmente equivale a intoxicar el lóbulo frontal e impedir que éste realice su función de regulación del cerebro. Según un estudio realizado en 2008 por la Fundación Nacional del Sueño, los adultos duermen dos horas menos por noche en promedio con respecto a 1960. Los pobres hábitos de sueño están produciendo una epidemia de bajo autocontrol y atención. Algunos expertos creen que la disminución de horas de sueño son la causa del incremento de obesidad en la población.

Muchos adolescentes padecen el llamado "síndrome de la fase retrasada del sueño". Significa que duermen tarde y se levantan temprano para ir a la escuela. En la actualidad los jóvenes universitarios duermen un promedio de cuatro a cinco horas diarias y, además, interrumpen constantemente su sueño al consultar su celular. Dormir poco produce mayor agresividad e impulsividad, bajo aprendizaje, atención y memoria y menor tolerancia a la frustración.

El llamado *networking,* o tiempo excesivo de conexión con la tecnología, roba tiempo a las horas que debíamos dedicar al sueño.

La Asociación Americana de Pediatría recomienda que los adolescentes de 14 años de edad duerman cada noche nueve horas y cuarto; sin embargo, los chicos de esa edad duermen en promedio seis horas diarias. Este déficit de sueño se asocia con diversos problemas, como mala memoria, irritabilidad, menos conexiones entre las neuronas (sinapsis, la cual es necesaria para un aprendizaje efectivo), pobre juicio, toma apresurada de decisiones, carencia de motivación, depresión y déficit de atención.[2]

El cerebro es el órgano que consume más energía (30 %) del cuerpo y el autocontrol es una de las tareas que más consume energía del cerebro. Éste necesita azúcar para hacer uso del autocontrol y resistir las tentaciones, poner atención y controlar las emociones.

---

[2] S. Carpenter, "Sleep. Deprivation May Be Undermining Teen Health", *APA Monitor 32*, núm. 9, octubre de 2001.

La sociedad actual se caracteriza por obtener la satisfacción inmediata: *"You get mail"* (Tienes mensaje). Ahora tenemos Facebook o Twiter, correos electrónicos y mensajes de texto en nuestros celulares, laptops, iPads, Blackberrys o iPhones. Nuestro cerebro se conecta en línea directa con estos aditamentos y ellos nos proporcionan constantemente dopamina (droga del placer y de la adicción). A través de los videojuegos y de la computadora podemos obtener placer en forma inmediata. Los videojuegos incrementan la dopamina equivalente a la anfetamina y la hacen adictiva. En 2005 murió un joven coreano debido a una falla cardiovascular pues no paró de jugar Star-Craft durante 50 horas continuas: en ese tiempo, el muchacho no comió, ni durmió y sólo deseaba jugar sin interrupciones. Necesitamos desarrollar más que nunca en nuestros hijos la capacidad de autocontrol y autodisciplina. Pero es necesario que sean ellos mismos los que regulen sus impulsos, para evitar que vivan conductas destructivas.

Los investigadores del cerebro afirman que el exceso de tecnología afecta el desarrollo normal del lóbulo frontal y retrasa su madurez. En un estudio controversial realizado en 2001 en la Universidad Nihon, en Tokio, se encontró que cuanto más tiempo pasan los adolescentes frente a los videojuegos, más reducen el funcionamiento del lóbulo frontal en las áreas relacionadas con el aprendizaje, la memoria, las emociones y el control de impulsos. El autor de este estudio es el doctor Akio Mori, quien afirma que las personas que juegan más de dos horas diarias desarrollan lo que él llama "cerebro de videojuego". En otras palabras, en ellos no funciona el lóbulo frontal. **Estamos produciendo una generación con déficit de la inteligencia frontal o ejecutiva**.

Muchos niños son atraídos por videojuegos propios para adultos, de modo que al jugarlos en edad temprana se exponen a escenas de violencia, destrucción, pornografía y sexualidad. En un estudio que realizamos con estudiantes de secundaria encontramos que 80 % de los alumnos varones juegan diariamente con dos videojuegos populares: Grand Theft Auto y Halo. Este tipo de juegos bloquea la empatía y la compasión, que son producto del funcionamiento del lóbulo frontal.

Cuando la dopamina es liberada, condiciona al cerebro a buscar recompensas inmediatas; por ello, nos hace más susceptibles de caer más fácilmente en otras tentaciones. Por ejemplo, si un hombre ve imágenes puede provocar en él la toma de malas decisiones financieras, o tener la fantasía de que ganará en la lotería o en otros juegos de azar. Los altos niveles de dopamina amplifican el deseo de obtener gratificación inmediata y disminuyen la conciencia acerca de las consecuencias a largo plazo.

Entre las patologías de la inteligencia ejecutiva se encuentran: no controlar los impulsos, no perseverar o hacer siempre lo mismo, inhibir la acción no elaborar ni mantener las metas y esfuerzo.

La inteligencia no se define como la capacidad de conocer, manejar o gestionar las emociones, sino como la capacidad de dirigir bien nuestro comportamiento: tomar buenas decisiones. No podemos fiarnos de los sentimientos porque éstos nos engañan. Bebo porque tengo sed, pero si necesito beber aunque no tenga el deseo, lo voy a hacer, ya que la razón es lo que me va a guiar a tomar decisiones. La razón es el gran asesor a la hora de tomar decisiones.

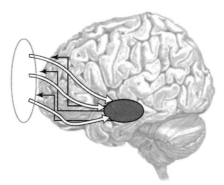

Lo que necesito	Lo que quiero
Lóbulo frontal	*Dopamina*
Necesidades, deberes, control, consecuencias, metas a largo plazo	Impulsos, caprichos, quereres

PEDAGOGÍA DEL DEBER

Debemos enseñar a los niños que a veces harán las cosas porque quieren hacerlas y otras veces porque es su obligación. Es necesario introducir la idea del deber; se deben regir no sólo por impulsos, sino también por razones. Y puede dirigirlos la motivación por el deber: no me gusta, pero tengo que hacerlo. Tomo agua cuando tengo sed (porque es una necesidad), pero si estoy deshidratado, el doctor me recomienda beber tres litros de agua al día para recuperarme de la deshidratación. De modo que, aunque no tenga sed, debo tomar agua. No se trata de una necesidad fisiológica, sino de un deber.

Una de las funciones más importantes de los padres es enseñar a los hijos a escoger bien sus metas, tomar buenas decisiones y resolver problemas (lo cual es un arte); además, enseñar al niño a soportar el esfuerzo y a superar los fracasos; a valorar las cosas y a disfrutarlas; a entenderse bien con los demás y a colaborar con los demás; a alcanzar la autonomía correcta en cada situación, aplazar la recompensa y soportar la frustración y el cansancio.

El ambiente puede interferir en el desarrollo saludable del cerebro: la falta de ejercicio físico, el sobrepeso y la obesidad, los diversos tóxicos ambientales, una pobre nutrición, la ausencia de los padres, el exceso de televisión y computadora, el estrés durante el embarazo y el estilo de vida.

La persistencia es la clave para el desarrollo de buenas habilidades de solución de problemas. Pero si los padres tenemos demasiada indulgencia para los hijos, no los estaremos preparando para las frustraciones de la vida.

Podemos definir la **inteligencia frontal** o ejecutiva como la capacidad de tener juicios adecuados, así como para la solución de problemas, la organización, la anticipación y la memoria de trabajo; también para seguir reglas e instrucciones, poner atención, tener autorregulación, manejar el estrés y la ansiedad, controlar los impulsos y resistir a las distracciones. En otras palabras, es la capacidad de regular nuestro comportamiento y tomar buenas decisiones.

La inteligencia frontal es muy parecida a la sabiduría de Aristóteles; es la habilidad de discernir situaciones, de actuar virtuosamente, conocer acciones que son adecuadas a las situaciones, saber cómo actuar y actuar adecuadamente. ¿Qué es lo importante para la vida? Discernir moralmente.

La autodisciplina es la capacidad de hacer las cosas que debes, aun cuando no quieras hacerlas.

La autodisciplina va más allá que la autoestima:

○ Cada vez que usas el autocontrol te valoras.
○ Cada vez que te disciplinas, te enorgulleces más de ti.
○ Cuando practicas más la autodisciplina, te sientes realizado, feliz y seguro. La autodisciplina es la base del talento.

"Una buena educación es pasar de la disciplina a la autodisciplina, de la regulación impuesta a la regulación voluntaria."

José A. Marina

La persistencia es la autodisciplina en acción. Tu habilidad de persistir y enfrentar las dificultades y fracasos es lo esencial en la vida. La primera razón de éxito es la persistencia y la primera razón del fracaso es abandonar la tarea pronto. El optimismo es importante en la persistencia. Tú no eres víctima sino el único responsable de tu vida. Evita culpar a los demás o dar excusas.

"Puedes tener mil excusas de tu fracaso, pero nunca una buena razón."

Mark Twain

La autodisciplina requiere retrasar la gratificación, que es la capacidad de poner la propia satisfacción a un lado para lograr metas más significativas y a largo plazo. Las personas exitosas son aquellas que han pensado a largo plazo. Piensan en el futuro para actuar en el presente. Relacionan el presente con el futuro.

La palabra más importante en el pensamiento a largo plazo es "sacrificio". Hacer sacrificios a corto plazo puede significar logros grandes y recompensas a largo plazo. El dolor es necesario para obtener satisfacciones más grandes y significativas a largo plazo.

EDUCAR LA INTELIGENCIA FRONTAL

Tomar buenas decisiones no es fácil para los adolescentes porque ellos no consideran las consecuencias a largo plazo. Por eso, es común ver que conducen a gran velocidad, que abusan del alcohol o que tienen relaciones sexuales prematuramente. No piensan en el futuro y eligen la diversión del presente sin pensar en el dolor del futuro. Ellos toman acciones riesgosas: fracasan en tomar conciencia en las situaciones peligrosas, son impulsivos ya que carecen de la madurez emocional y ejecutiva para controlar sus impulsos, sus estados de ánimo van del mal humor extremo a la alegría extrema, tienen poco autocontrol. La combinación de humor temperamental e impulsividad orilla al adolescente a tener más dificultad para controlar su conducta.

Existen estrategias para educar la inteligencia frontal. Para ponerlas en práctica con los adolescentes debemos hacerles indicaciones como las siguientes:

1. Levántate al sonar la alarma.
2. Vístete completamente antes de ir a desayunar.
3. Tienes sólo cinco minutos para bañarte.
4. Desayuna en forma saludable y toma vitaminas.
5. Revisa que en tu mochila no te falte nada.
6. Antes de salir de casa, asegúrate de que estén guardados todos tus libros y tareas.
7. Anota en una agenda cuáles son tus responsabilidades.
8. Siéntate hasta adelante en tu salón, pon atención y toma notas. Haz preguntas.
9. No veas TV hasta terminar tu tarea.
10. No tengas contacto con tu iPod, ni escuches música, ni escribas mensajes de texto, ni entres al Facebook mientras estás haciendo la tarea.
11. Podrás estar frente a la pantalla sólo una hora al día y tres horas el fin de semana. Las horas extra debes ganártelas.
12. Ve a cenar en cuanto te llamen para ello.

Las seis cosas que todo niño debe hacer:

1. Conocerse a sí mismo: debe reconocer sus fortalezas y debilidades.
2. Desarrollar al menos un don.
3. Encontrar al menos una pasión.
4. Valorar a las personas y conectarse con ellas.
5. Aprender a perseverar y a fracasar: el fracaso forja el carácter.

No necesitamos personas exitosas, sino maduras. Las personas maduras:

1. Mantienen compromisos a largo plazo. Tienen habilidad para retrasar la gratificación. Mantienen una actividad a pesar de que no sea novedosa, sea aburrida o no quieran realizarla.
2. No decaen ante las críticas ni se inflan trente a las alabanzas; reciben las críticas sin abandono de sus proyectos y sin desánimo.
3. Tienen humildad. La humildad no consiste en pensar menos de ti, sino en pensar menos en ti. Reconocen que no saben todo, preguntan y reconocen el trabajo de otros.
4. Sus decisiones están basadas en la ética y en el carácter, y no en los impulsos o emociones. Los principios y no los impulsos guían las decisiones. Reconocen las emociones, pero el carácter las domina.
5. Expresan gratitud constantemente. Agradecen por pequeñas y grandes cosas. Los inmaduros perciben que todo lo merecen.
6. Saben posponer la satisfacción de sus propias necesidades. Ven primero las necesidades del otro.
7. Buscan la sabiduría antes de actuar. No presumen diciendo que tienen todas las respuestas. No se avergüenzan si deben pedir consejos a otros.

Por último, para ayudar a los adolescentes a alcanzar la madurez podemos poner en práctica los siguientes consejos:

○ Propiciar que pasen tiempo con adultos y niños.

○ Enseñarles habilidades prácticas de la vida: mecánica, cocina, que respondan una entrevista de trabajo.

○ Darles oportunidades de hacer servicio. Algunos días libres pueden ocuparlos para realizar algún servicio en hospitales, orfanatos, etcétera.

○ Darles oportunidad para madurar: a más libertad, tendrán más responsabilidad.

○ Darles oportunidades para que ayuden a otros.

○ Reconocer logros reales y significativos.

○ Ponerles límites y evitar patrones extremos.

○ Propiciar que participen en rituales familiares y sociales.

Índice onomástico

Índice analítico

*La publicación de esta obra la realizó
Editorial Trillas, S. A. de C. V.*

*División Administrativa, Av. Río Churubusco 385,
Col. Gral. Pedro María Anaya, C. P. 03340, México, D. F.
Tel. 56884233, FAX 56041364*

*División Logística, Calzada de la Viga 1132, C. P. 09439
México, D. F. Tel. 56330995, FAX 56330870*

*Esta obra se imprimió
el 22 de noviembre de 2012, en los talleres de
Diseños e Impresión AF, S. A. de C. V.*

B 105 TW